Finanças para não financeiros

PUBLICAÇÕES
FGV Management

ECONOMIA E FINANÇAS

Finanças para não financeiros

Carlos Eduardo Prado Feuser
Ronaldo Miranda Pontes

FGV | EDITORA IDE

Direitos desta edição reservados à
FGV EDITORA
Rua Jornalista Orlando Dantas, 9
22231-010 | Rio de Janeiro, RJ | Brasil
Tel.: 21-3799-4427
editora@fgv.br | www.editora.fgv.br

Impresso no Brasil / *Printed in Brazil*

1ª edição: 2021

Preparação de originais: Sandra Frank
Editoração eletrônica: Abreu's System
Revisão: Michele Mitie Sudoh
Capa: aspecto:design

Dados Internacionais de Catalogação na Publicação (CIP)
Ficha catalográfica elaborada pela Biblioteca Mario Henrique Simonsen/FGV

Feuser, Carlos Eduardo Prado
Finanças para não financeiros / Carlos Eduardo Prado Feuser, Ronaldo Miranda Pontes. – Rio de Janeiro : FGV Editora, 2021.
216 p.

Publicações FGV Management.
Área Economia e finanças
Inclui bibliografia.
ISBN: 978-65-5652-135-0

1. Finanças. 2. Administração financeira. 3. Matemática financeira. I. Pontes, Ronaldo Miranda. II. Fundação Getulio Vargas. III. FGV Management. IV. Título.

CDD – 332.024

Elaborada por Rafaela Ramos de Moraes – CRB-7/6625

Aos nossos alunos,
colegas docentes e aos gestores, que nos
inspiram para avançarmos no conhecimento.

Sumário

Apresentação

Este livro compõe as Publicações FGV Management, programa de educação continuada da Fundação Getulio Vargas (FGV).

A FGV é uma instituição de direito privado, com mais de meio século de existência, gerando conhecimento por meio da pesquisa, transmitindo informações e formando habilidades por meio da educação, prestando assistência técnica às organizações e contribuindo para um Brasil sustentável e competitivo no cenário internacional.

A estrutura acadêmica da FGV é composta por escolas e institutos, todos com a marca FGV, trabalhando com a mesma filosofia: gerar e disseminar o conhecimento pelo país.

Dentro de suas áreas específicas de conhecimento, cada escola é responsável pela criação e elaboração dos cursos oferecidos pelo Instituto de Desenvolvimento Educacional (IDE), criado em 2003 com o objetivo de coordenar e gerenciar uma rede de distribuição única para os produtos e serviços educacionais da FGV.

Este livro representa mais um esforço da FGV em socializar seu aprendizado e suas conquistas. Foi escrito por professores da FGV, profissionais de reconhecida competência acadêmica e prática, o que torna possível atender às demandas do mercado, tendo como suporte sólida fundamentação teórica.

A FGV espera, com mais essa iniciativa, oferecer a estudantes, gestores, técnicos e a todos aqueles que têm internalizado o conceito de educação continuada, tão relevante na era do conhecimento na qual se vive, insumos que, agregados às suas práticas, possam contribuir para sua especialização, atualização e aperfeiçoamento.

Rubens Mario Alberto Wachholz
Diretor geral do Instituto de Desenvolvimento Educacional

Sylvia Constant Vergara
Coordenadora das Publicações FGV Management

Introdução

Concluir a graduação não é o suficiente em um mercado de trabalho dinâmico, no qual as exigências técnicas e comportamentais estão cada vez mais valorizadas. Para conquistar um espaço no ambiente cada vez mais exigente, é imprescindível investir em conhecimento, mesmo que não relacionado à sua formação profissional. *Finanças para não financeiros* é importante para profissionais de todas as áreas. Todos precisam tomar decisões profissionais e pessoais que envolvam questões financeiras.

Mesmo que finanças não estejam diretamente na sua área de atuação, serão consideradas um grande diferencial na sua formação. Tudo isso porque finanças constituem uma área que suporta toda a operação da empresa. Entender de finanças torna o profissional mais analítico, além de permitir-lhe obter uma visão ampliada do funcionamento do mundo dos negócios.

As grandes empresas buscam por profissionais capazes de relacionar outros conhecimentos, além da sua área de atuação. O conhecimento de finanças é uma vantagem estratégica para qualquer profissional.

Frente a isso, o objetivo deste livro é fornecer ao leitor informações sobre essa área de conhecimento, que é finanças, evidenciando os fundamentos, requisitos, técnicas e métodos, a fim de que possa complementar seus conhecimentos.

O livro está estruturado em quatro capítulos. O primeiro mostra os objetivos da gestão financeira, os fundamentos da contabilidade, bem como seus demonstrativos e indicadores econômico-financeiros.

No segundo capítulo, são apresentados fundamentos de matemática financeira como o valor do dinheiro no tempo, taxas de juros e fluxo de caixa de um projeto de investimento.

O terceiro capítulo avalia as características e limitações dos projetos de investimento, aplicações dos métodos e técnicas de avaliação dos projetos de investimento, como taxa de atratividade, *payback*, simples e descontado, valor presente líquido e taxa interna de retorno.

Por fim, o quarto e último capítulo contempla os objetivos da contabilidade de custos, principais nomenclaturas da gestão de custos e os métodos de custeio, como absorção, variável e custeio baseado em atividades.

Ao final, apresenta-se a conclusão. O livro foi idealizado e preparado com o objetivo de proporcionar aos profissionais não financeiros uma compreensão dos fundamentos de finanças empresariais e as principais técnicas e termos utilizados em todos os setores das empresas, quando a decisão envolve dispêndio de recursos. Com este livro, os leitores terão uma base para analisar as informações necessárias, com uma sólida formação teórica para a avaliação e a tomada de decisão que envolvam as finanças.

1
Fundamentos de finanças e contabilidade

O objetivo deste capítulo é apresentar a gestão financeira e como ela afeta os resultados das empresas. Para isso são mostrados os conceitos e objetivos da gestão financeira, conceitos básicos de contabilidade, os principais demonstrativos contábeis e os indicadores econômicos e financeiros que avaliam a saúde e o desempenho das empresas.

A área das finanças é dinâmica e abrange vários conhecimentos. Tem o poder de afetar a vida de todas as pessoas e empresas. As finanças se aplicam a todas as empresas financeiras e não financeiras, públicas e privadas, pequenas, médias e grandes, com e sem fins lucrativos. Ultimamente, devido às mudanças nos ambientes econômicos, regulamentar as decisões cotidianas das empresas precisam levar em consideração os aspectos financeiros.

O que é "finanças"?

Finanças é um termo que vem do francês *finance*, que define a arte e a ciência que faz a gestão dos recursos financeiros, ou seja, dinheiro. Segundo Gitman (2010:4), o termo finanças exprime: "a arte e a ciência de administrar o dinheiro".

Cotidianamente, todos as empresas e indivíduos lidam com o dinheiro, pois recebem, gastam ou investem. Atualmente, pode-se entender finanças como um conjunto de relações econômicas necessário para o atingimento de objetivos e metas que dependem de recursos financeiros, ou seja, dinheiro. Então finanças é uma parte da economia que se dedica a analisar como os recursos financeiros são obtidos e geridos pelas pessoas e empresas.

A gestão empresarial procura atingir metas e objetivos estabelecidos no planejamento estratégico por meio da alocação de recursos humanos, técnicos e financeiros. Dessa forma, a atividade financeira gerencia a circulação, controle, aplicação e obtenção de recursos financeiros e não financeiros visando maximizar a geração de valor e riqueza da organização e garantir seu funcionamento e sua perenidade.

Os profissionais de qualquer área dentro das empresas precisam dedicar-se ao estudo dos gastos financeiros e da gestão dos recursos pelo menos no âmbito de seus departamentos. Entender que os recursos são escassos e, portanto, aprender como são gerados e melhorar sua aplicação de forma a maximizar o retorno. Cada recurso aplicado na empresa, ou mesmo no departamento, deve estar em consonância com a estratégia empresarial tendo em vista a criação de valor e riqueza para o acionista num quadro de sustentabilidade de longo prazo. (Gitman 2010). Para além dos dados quantitativos, os dados qualitativos internos dos diversos departamentos, bem como a leitura de cenários e a compreensão da volatilidade do macroambiente, devem ser considerados no momento da tomada de decisão.

Todo gestor tem de possuir conhecimentos técnicos e quantitativos corroborados com aspectos qualitativos que permitam analisar e avaliar de forma global o impacto das opções, levando em consideração o custo e o benefício no processo de tomada de decisão, de forma que leve a empresa à criação de valor e riqueza.

Os objetivos da gestão financeira

Pode-se definir a gestão financeira como um conjunto de procedimentos e ações administrativas que contempla o planejamento, a análise e o controle das atividades financeiras das corporações. Seu principal objetivo é melhorar os resultados e aumentar o valor do patrimônio com a geração de resultados superavitários ou lucros provenientes das atividades operacionais. Para isso, a gestão financeira deve permitir, a qualquer momento, a visualização atualizada da situação econômica e financeira da empresa, por meio da manutenção de registros de todas as movimentações financeiras que permitam a análise e colaborem com o planejamento para otimizar os resultados.

Os principais objetivos da gestão financeira dentro da perspectiva desta obra são:

- planejamento e análise financeiros;
- gestão e aplicação de recursos financeiros;
- controle de recebimentos e pagamentos;
- administração do fluxo de caixa.

Embora a gestão financeira não possa ser restrita somente a esses objetivos, considera-se que esses podem influenciar positivamente a geração e maximização dos lucros das empresas. Todas as decisões de negócio devem considerar os gastos para dimensionar o impacto financeiro, o retorno dos investimentos e de onde virão os recursos para sustentar as metas da empresa. Assim, a análise econômico-financeira é indispensável na gestão financeira. É preciso saber a real situação da empresa para montar os planos estratégicos de ação. Por isso, segundo Gitman (2010), planejamento, orçamento e análise das finanças da empresa devem ser feitos de forma unificada, mas participativa. O objetivo principal da gestão financeira é a maximização dos lucros e resultados, bem como a geração de valor.

Lucro contábil e lucro econômico

No item anterior, destacamos a importância da gestão financeira na geração de lucro. E o que é lucro? De modo geral, pode-se definir lucro como o ganho alcançado nas operações comerciais ou no exercício de uma atividade econômica. Mas o lucro pode ser definido, de forma específica, como lucro econômico e lucro contábil.

O lucro econômico é aquele em que a receita total auferida suplanta os custos de oportunidade da produção dos bens e serviços vendidos. Assim, no lucro econômico, a receita total deve ser maior que todos os custos de oportunidade, explícitos e implícitos. Para os economistas é preciso também, além dos custos explícitos, cobrir o custo de oportunidade. O custo de oportunidade é o valor do que você abdica ao tomar uma decisão.

> Exemplo: Você tem um capital de R$ 100.000,00 aplicado em renda fixa a 5% ao ano (a renda fixa é a modalidade de investimento mais procurada pelos investidores que procuram rendimentos mais estáveis e segurança). Outra possibilidade seria aplicar o capital de R$ 100.000,00 para abrir uma franquia que poderia gerar um retorno de 15% ao ano. Seu custo de oportunidade é renunciar à renda fixa segura no longo prazo e arriscar o capital para tentar uma rentabilidade maior na franquia.

O lucro contábil ocorre quando a receita total suplanta os custos explícitos, sendo essa a forma como a ciência contábil apura o lucro das empresas. Assim, pode-se concluir que os economistas incluem todos os custos de oportunidade, e os contadores medem só os custos explícitos. Normalmente o lucro contábil é maior que o lucro econômico.

Processo de criação de riqueza

A apuração de resultados de uma empresa procura demonstrar a rentabilidade das operações e a evolução do capital. O capital é empregado nas empresas para que as operações gerem lucros e, dessa forma, determina o nível de evolução da riqueza inerente a esse capital. Essa rentabilidade é medida pelo lucro financeiro que as operações de determinado período poderão render ao capitalista.

Segundo Marion (2009), a movimentação do capital aplicado nas operações de compra, produção e venda geram um resultado. Claro que esse resultado poderá ser lucro ou prejuízo. Sendo lucro, é justamente essa rentabilidade, fruto da movimentação do patrimônio, que agrega riqueza e aumenta o retorno sobre capital aplicado pelos sócios. Assim, temos, pelo menos teoricamente, a criação de riqueza por meio do processo de movimentação do patrimônio.

Se as operações do empreendimento em determinado período gerarem lucro e estes forem distribuídos aos seus sócios ou proprietários, isso poderia dar a entender que os dividendos são, efetivamente, a riqueza gerada pela aplicação do capital.

Porém, temos de levar em consideração o custo de oportunidade definido no tópico anterior. Então, riqueza será a capacidade de aumento do capital de forma a superar os benefícios gerados pelas oportunidades disponíveis e que mantêm o poder de utilidade do capital. Ou seja, a remuneração do capital deverá suplantar o custo de oportunidade do capital aplicado sem os riscos inerentes ao negócio. Somente nessa condição é que se pode dizer que estamos gerando riqueza.

Se o capital, ao final das operações de um período, não superar o custo da oportunidade do mercado, ele, na verdade, não gerou riqueza; somente agregou ou até mesmo perdeu o valor que lhe era determinado pelo mercado para manter seu poder de compra ou utilidade, visto que o custo de oportunidade agrega o mínimo necessário para a movimentação do patrimônio sem muito risco.

De forma geral, o processo de geração de riqueza na empresa advém quando, em um período, as receitas superam os gastos, gerando lucro que pode ser contábil ou econômico como apresentado anteriormente. O confronto da receita com os gastos é conhecido na contabilidade como a demonstração do resultado do exercício. Essa geração de riqueza faz com que o patrimônio líquido, que é o somatório dos bens e direitos menos as obrigações da empresa, aumente em determinado período. O patrimônio da empresa é apurado por meio do demonstrativo contábil conhecido como balanço patrimonial. Esses dois demonstrativos serão apresentados no próximo tópico.

Fundamentos de contabilidade

A contabilidade é a ciência que tem como objetivo o controle do patrimônio. Para controlar o patrimônio, a contabilidade utiliza o processo de organizar, registrar e sumarizar todos os atos e fatos financeiramente mensuráveis que ocorrem nas empresas.

Vários autores, como Iudícibus (2010), Martins (2010) e Marion (2009), conceituam a contabilidade como a ciência que tem por objeto o estudo do patrimônio e suas variações em cada período contábil. O registro contábil de todas as movimentações financeiras de uma organização gera na contabilidade um grande banco de dados, com o histórico de todas as suas operações. A grande importância estratégica desse banco é que a partir dele extraímos os demonstrativos financeiros e de gestão. Por isso, a contabilidade é muito mais que uma simples apuração de tributos, mas é uma grande aliada no processo de tomada de decisão.

Toda a sociedade já reconhece a importância e a responsabilidade da contabilidade. As informações contábeis e seus relatórios fiscais e gerenciais geram eficiência para o sistema econômico.

O contador possui competência e habilidade para interpretar e conceituar a informação, bem como conhecimento profundo dos ambientes interno e externo da organização. Assim, por meio dos sistemas de informação, sabe gerar informações em forma de relatórios de extrema importância para que o gestor tome uma decisão adequada. Com os demonstrativos contábeis, torna-se possível uma completa análise das informações geradas pela empresa em vários períodos.

Usuários da contabilidade

Os usuários das informações e relatórios contábeis são diversos, cada um, especificamente, com uma necessidade diferenciada de informação. Segundo Iudícibus (2010), destacam-se como os principais usuários da contabilidade:

- *usuários internos*: são aqueles que têm estreita ligação com as atividades administrativas ou exercem poder dentro da organização, como os proprietários da empresa, diretores, superintendentes, gerentes, acionistas controladores;
- *usuários externos*: são aqueles que utilizam as informações contábeis, porém sem a mesma frequência, proximidade ou poder dos usuários internos. São eles: os investidores (pessoas físicas ou jurídicas que adquirem participações em outras empresas), fornecedores de bens e serviços, clientes, instituições financeiras, sindicatos, entidades governamentais, organizações não governamentais e outros.

De modo geral, os usuários da informação contábil são todos pessoas físicas ou jurídicas que desejam avaliar a situação econômica e financeira bem como o progresso da entidade.

Os maiores beneficiários da contabilidade são os usuários internos que utilizam continuamente, com maior detalhamento e exclusividade, as informações contábeis.

Observe o quadro 1, que classifica e descreve os usuários das informações contábeis, bem como seus interesses.

Quadro 1

Usuários e interesses das informações contábeis

	Usuário	Interesse
Internos	Empregados em geral	Fluxo de caixa futuro capaz de assegurar bons aumentos ou manutenção de salários, com segurança; liquidez; indicadores para a participação nos lucros.
Internos	Média e alta administração	Rentabilidade, gestão de custos, retorno sobre o ativo e sobre o patrimônio líquido; situação de liquidez.
Internos	Acionista majoritário controlador	Fluxo de dividendos, valor de mercado da ação, lucro por ação, rentabilidade.
Externos	Acionista minoritário	Fluxo regular de dividendos.
Externos	Acionista preferencial não controlador	Fluxo de dividendos mínimos.
Externos	Emprestadores de recursos e credores em geral	Geração de fluxos de caixa futuros suficientes para receber de volta o principal e os juros com segurança.
Externos	Entidades governamentais	Análise da situação econômico-financeira, produtividade, lucro tributável.
Externos	Sindicatos	Dos trabalhadores, avaliando resultados para negociações salariais. Patronais, avaliando necessidades de desenvolvimento de políticas para a classe.

Os governos federal, estadual e municipal são os usuários externos com mais visibilidade e interesse. São inclusive fiscalizadores das atividades da contabilidade, tendo em vista que a tributação está vinculada às informações registradas conforme os fatos geradores, bem como as bases de cálculo do tributo.

São diversos os usuários da contabilidade, como diversos são seus interesses, conforme demonstramos neste tópico.

Regimes de caixa e de competência

A apuração dos resultados de uma empresa se dá pelo confronto das receitas com os gastos de um período. Porém, a apuração do resultado poderá ser pelo regime de caixa ou pelo regime de competência. Destacamos que o regime de competência é o recomendado pelo Conselho Federal de Contabilidade para ser usado na apuração contábil (Marion, 2009).

No regime de competência, receitas, custos e despesas são reconhecidos no período em que ocorrem, independentemente do efetivo recebimento das receitas ou pagamento dos custos e despesas. Vejamos:

- Receitas – Entrega das mercadorias ao cliente após a emissão da nota fiscal, independentemente de a operação ser à vista ou a prazo.
- Custos e despesas – Consumo da matéria-prima, mão de obra, depreciação dos equipamentos utilizados para produzir a mercadoria entregue ao cliente, independentemente de esses recursos já terem sido quitados ou estarem em contas a pagar.

No regime de caixa, a contabilização das receitas somente ocorre no efetivo recebimento – entrada do dinheiro no caixa; e a contabilização dos custos e das despesas somente por ocasião do seu efetivo pagamento – saída de dinheiro do caixa.

Avaliando regimes de apuração de resultado, podemos dizer que as despesas pelo regime de caixa são identificadas pelo desembolso, pelas saídas de dinheiro do caixa, e pelo regime de competência pelo sacrifício incorrido para se obter a receita.

Quanto às receitas, no regime de caixa só são consideradas quando efetivamente recebidas, ou seja, quando entrarem no caixa. Já no regime de competência, a receita gerada, mesmo que ainda não recebida, já é considerada para apuração do resultado. Assim, todas as vendas realizadas a prazo só são consideradas pelo regime de competência, nunca pelo regime de caixa.

Podemos dizer que o regime de competência é melhor, pois no regime de caixa não levamos em consideração a depreciação, que, apesar de implicar saída de dinheiro do caixa, representa um desgaste dos equipamentos no período de produção.

Os dois regimes de apuração de resultados são importantes. O regime de competência, que é utilizado pela contabilidade, demonstra a lucratividade de cada operação, quando confronta a receita gerada com os gastos para criar essa receita. Já o regime de caixa pode servir para projetar os fluxos de caixas futuros, servindo como avaliação das necessidades de caixa.

Nos próximos tópicos, apresentaremos as duas principais demonstrações contábeis, que são o balanço patrimonial e a demonstração de resultado do exercício. Esses dois demonstrativos são apurados pelo regime de competência.

Balanço patrimonial

O balanço patrimonial, segundo Iudícibus (2010), Martins (2010) e Marion (2009), reflete a situação financeira do empreendimento em determinado momento. É uma fotografia da empresa naquele momento. Ou seja, após o encerramento, o balanço terá alterações das informações devido à dinâmica em que os fatos ocorrem diuturnamente nas empresas, como novas vendas, recebimentos, pagamentos.

Warren Buffett et al. (2020), que é um dos maiores, se não for o maior investidor financeiro do mundo (patrimônio acima de US$ 40 bilhões), e atual CEO da Berkshire Hathaway, gosta de avaliar as empresas fazendo análise das demonstrações financeiras. Uma das primeiras medidas que Buffett adota quando está tentando descobrir se uma empresa tem ou não uma vantagem competitiva durável é ver quanto ela possui em ativos – pense em dinheiro e propriedades – e quanto ela deve a fornecedores, bancos e debenturistas. Para isso, ele examina seu balanço patrimonial.

Estrutura básica

Segundo o CPC 00 (R2) – Estrutura conceitual para relatórios financeiros (CPC, 2019), o balanço patrimonial é composto por três grandes grupos de contas que são: o ativo, o passivo e patrimônio líquido.

Este relatório é apresentado no quadro 2, no qual se observa do lado esquerdo o ativo e do lado direito o passivo e o patrimônio líquido.

Quadro 2
Estrutura do balanço patrimonial

Balanço patrimonial	
ATIVO	PASSIVO
	PATRIMÔNIO LÍQUIDO

Cada uma das partes deste relatório é composta por diversas contas criadas conforme as necessidades de registros das operações da empresa. As contas são organizadas por grau de liquidez (velocidade de se transformarem em dinheiro) e exigibilidade (prazo de pagamento).

Ativos

Os ativos são recursos controlados, resultado de evento passado que vai gerar benefícios no futuro. Assim, os ativos são todos os bens ou direitos da empresa. Os ativos podem ser divididos em outros subgrupos como tangíveis – que são físicos, por exemplo computadores – e intangíveis – que não são físicos, por exemplo, marca. Outra classificação são os ativos móveis – que podem ser movimentados, por exemplo, computador – e imóveis – que não podem ser movimentados, por exemplo, prédios.

Para ser um ativo, o recurso tem de ser controlado pela entidade. Esse conceito se sobrepõe ao de propriedade, pois a empresa pode formalmente não ser proprietária de um bem, mas exercer o controle sobre ele. Nesses casos, prevalece o conceito da essência sobre a forma. Veja o exemplo abaixo:

> As empresas aéreas, normalmente, adquirem aviões utilizando um financiamento conhecido por *leasing*. O *leasing* é um contrato de aluguel, sendo a propriedade do bem pertencente à instituição financeira arrendadora e não especificamente à companhia aérea. A empresa detém o controle sobre a aeronave e, ao final do contrato de aluguel, adquire o bem. Neste caso, prevalece o conceito da essência sobre a forma: a contabilidade registra a aeronave arrendada como ativo da empresa aérea, independentemente da natureza jurídica do contrato.

Outra característica é que os recursos advindos dos atos e fatos sejam mensuráveis financeiramente. Se algum bem ou direito não tiver a possibilidade de ser mensurado financeiramente, não pode ser registrado como ativo.

A última característica é o fato de que os ativos devem trazer benefícios presentes ou futuros para a empresa. Veja o exemplo:

> Um equipamento que tenha sofrido curto elétrico e ficado inutilizado não irá trazer mais benefícios para a empresa tanto agora quanto no futuro. Assim, esse equipamento deve ser baixado, não devendo mais ser considerado um ativo.

Passivo e patrimônio líquido

No lado direito do balanço patrimonial temos o passivo. Nesse lado, temos dois grupos, chamados de passivo exigível e patrimônio líquido, os quais têm características diferentes.

Passivo exigível

No grupo do passivo exigível, temos todas as obrigações, ou seja, dívidas, que a empresa tem com terceiros, como: impostos, contas a pagar, empréstimos, fornecedores, entre outras.

Todos os valores registrados no passivo exigível deverão ser pagos, ou seja, serão liquidados pela entidade, mesmo que em longo prazo.

Patrimônio líquido

No grupo do patrimônio líquido, temos os recursos dos proprietários aplicados na entidade. Esses recursos podem ter como origem disponibilização de capital pelos sócios ou lucros que não tenham sido distribuídos. São recursos que pertencem aos sócios; portanto, a não ser no caso de encerramento das atividades, esses recursos não terão sua devolução exigida.

As duas principais subcontas do patrimônio líquido são: capital social, que representa os recursos investidos diretamente pelos sócios ou acionistas; e reservas de lucro, que registram o lucro das operações da empresa em diversos períodos que não foram distribuídos aos sócios. O lucro gerado pelas operações é a remuneração do capital investido pelos sócios e a eles pertence, estando apenas temporariamente à disposição da empresa, mas podendo ser solicitado, ou seja, distribuído aos proprietários.

Balanço patrimonial: origens e aplicações de recursos

A contabilidade respeita princípios e procedimentos para que sua informação seja considerada adequada para os tomadores de decisão. Sendo assim, seus demonstrativos devem ser estruturados de acordo com uma lógica própria, que permita sua adequada interpretação.

Os registros dos fatos contábeis são executados de acordo com o método das partidas dobradas. Nesse método, toda origem de recurso terá, necessariamente, uma aplicação de recursos, conforme ilustra a figura 1.

Figura 1
Fluxo de recursos da empresa

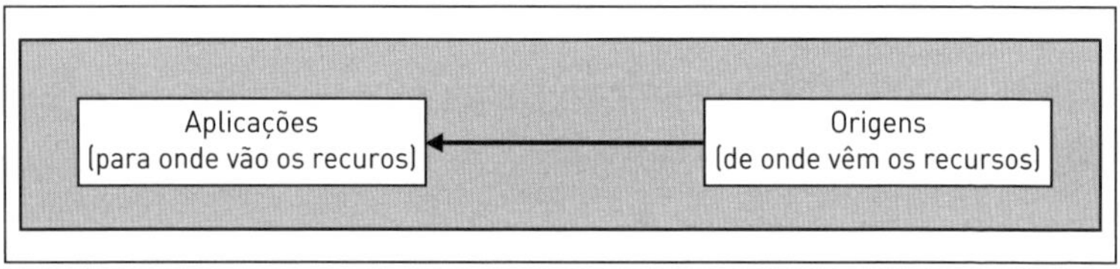

Fonte: Limeira et al. (2011:20).

O mesmo raciocínio é utilizado para entender o balanço patrimonial, em que o passivo representa as origens e o ativo as aplicações, tal como demonstrado no quadro 3.

Quadro 3
Origens e aplicações de recursos

<table>
<tr><th colspan="2">Balanço patrimonial</th></tr>
<tr><td rowspan="2">ATIVO</td><td>PASSIVO</td></tr>
<tr><td>PATRIMÔNIO LÍQUIDO</td></tr>
<tr><td>Aplicações de recursos</td><td>Origens de recursos</td></tr>
</table>

Observar o balanço patrimonial, como apresentado no quadro 3, revela a estratégia de financiamento das operações adotada pela empresa, pois a origem do recurso poderá se dar pelo capital próprio (patrimônio líquido) – ou por meio de uma combinação do capital de terceiros (passivo exigível) e capital próprio (patrimônio líquido). Também possibilita a análise do destino dado aos recursos que entraram na empresa, ou seja, de que forma foram aplicados – veículos, estoques, equipamentos e máquinas, aplicações financeiras.

Curto e longo prazos no balanço patrimonial

Para que o balanço patrimonial demonstre os bens e direitos que se transformarão em dinheiro em curto e longo prazos, bem como as obrigações que deverão ser liquidadas em curto e longo prazos (ativo, passivo exigível e patrimônio líquido), é dividido em subgrupos, que têm como objetivo fornecer uma melhor qualidade da informação contábil.

O quadro 4 representa graficamente o curto e o longo prazos no balanço patrimonial.

Quadro 4
Curto e longo prazos

<table>
<tr><th colspan="2">Balanço patrimonial</th></tr>
<tr><td rowspan="2">ATIVO</td><td>PASSIVO</td></tr>
<tr><td>PATRIMÔNIO LÍQUIDO</td></tr>
<tr><td>Aplicações de recursos</td><td>Origens de recursos</td></tr>
<tr><td>Curto prazo</td><td>Curto prazo</td></tr>
<tr><td>Longo prazo</td><td>Longo prazo</td></tr>
</table>

Curto prazo: todos os bens e direitos realizáveis em moeda e as obrigações cujo vencimento é até o término do exercício social seguinte. Entende-se por término do exercício social seguinte o ano seguinte ao levantamento do balanço que estamos analisando.

Longo prazo: todos os bens e direitos realizáveis em moeda e as obrigações com vencimento após o término do exercício social seguinte ao levantamento do balanço em análise.

Geralmente, se considera de curto prazo todas as contas que devem ser liquidadas antes de um ano, e de longo prazo aquelas que ultrapassem esse período.

Grupos de contas do ativo

Os grupos de contas do ativo são o ativo circulante e o ativo não circulante. Segundo o CPC 00 (R2) – Estrutura conceitual para relatórios financeiros (CPC, 2019), o ativo não circulante se subdivide em: realizável a longo prazo, investimento, imobilizado e intangível.

Ativo circulante é o primeiro grupo de contas do ativo. Nele são encontradas as contas que contêm os bens e direitos que serão liquidados no curto prazo, conforme apresentamos anteriormente. Exemplo: disponibilidades, estoques, contas a receber, aplicações financeiras, entre outras.

Ativo não circulante é o grupo no qual estão os bens e direitos que somente se converterão em dinheiro no longo prazo. Nele, temos os seguintes itens:

- *realizável a longo prazo:* é o subgrupo formado pelas contas que possuem os bens e direitos que a empresa tem intenção de transformar em dinheiro em longo prazo. Exemplo: contas a receber de longo prazo, aplicações financeiras de longo prazo, estoque de longo prazo;
- *investimento:* é o subgrupo em que temos as participações permanentes em outras empresas e outros bens e direitos que não têm relação com a atividade operacional da empresa. Exemplo: ações de outras companhias, obras de arte, imóveis alugados a terceiros;

- *Imobilizado:* é o subgrupo no qual temos as contas dos bens cujas aplicações tenham por objetivo a atividade operacional da empresa. Exemplo: instalações, imóveis de uso, móveis, veículos, máquinas. Dentro desse subgrupo, existe uma conta redutora – que diminui o saldo da conta a qual se quer reduzir – chamada depreciação. A depreciação representa a perda de valor dos bens pelo uso, obsolescência ou desgaste natural. Ou seja, todos os bens imobilizados a partir de sua utilização sofrem mensalmente desgastes por conta disso. Este desgaste deve ser reconhecido pela contabilidade como um gasto do período para efeito de apuração de resultado e atualização do valor do bem no balanço patrimonial. Veja abaixo um exemplo do cálculo da depreciação de um imóvel:

Valor do bem imobilizado – imóvel: R$ 210.000,00
Taxa anual de depreciação: 4%
Valor da depreciação no ano: R$ 210.000,00 × 4% = R$ 8.400,00
Valor da depreciação mensal: R$ 8.400,00 / 12 meses = R$ 700,00

- *Intangível*: é o subgrupo em que são classificados todos os ativos imateriais ou incorpóreos necessários à operação da empresa. Como exemplos, temos: os direitos de exploração de serviços públicos mediante concessão ou permissão do poder público, direitos autorais adquiridos, marcas, patentes e fundos de comércio. As contas desse subgrupo sofrem amortização calculada com base na estimativa de sua utilidade econômica.

Estes são os grupos e subgrupos do ativo que representam as aplicações de recursos da empresa. No próximo tópico, vamos apresentar os grupos e subgrupos do passivo, que representam as origens de recursos.

Grupos de contas do passivo e patrimônio líquido

Da mesma forma que o ativo, o passivo também apresenta grupos de contas, que são: passivo circulante, passivo não circulante e patrimônio líquido.

Passivo circulante: contém as contas que representam obrigações, ou seja, dívidas com terceiros que a empresa liquidará em curto prazo.

Passivo não circulante: contém todas as contas que representam obrigações, ou seja, dívidas com terceiros que a empresa liquidará em longo prazo.

Patrimônio líquido: possui as contas que não são exigíveis, ou seja, apesar de pertencerem aos sócios ou acionistas, apenas poderão ser retiradas da empresa na exclusão de um sócio ou após a liquidação e encerramento dos compromissos com terceiros.

Contas redutoras do ativo e patrimônio líquido

Nos grupos e subgrupos que apresentamos anteriormente, observamos a lógica gerencial do balanço patrimonial. De um lado, temos as origens de recursos, que são o passivo e o patrimônio líquido e, de outro, as aplicações de recursos, que são os ativos.

No balanço patrimonial, tanto as origens quanto as aplicações de recursos são somadas para termos o total das aplicações e o total das origens. Todos os valores são positivos, representando seus respectivos totais. No entanto, existem algumas exceções que são as contas redutoras. Elas são também chamadas de contas retificadoras. As contas redutoras são contas que, embora apareçam num determinado grupo patrimonial do ativo ou passivo, têm saldo contrário em relação às demais contas desses grupos. Tanto no ativo quanto no passivo, temos contas redutoras.

No ativo circulante, a principal conta redutora é "perdas estimadas em créditos de liquidação duvidosa" (PECLD). A maioria das empresas vende seus produtos e serviços a prazo, gerando contas a receber de clientes. Normalmente, uma parcela dessas contas a receber de clientes não é recebida conforme acordado. É claro que a empresa não sabe antecipadamente quem é o cliente que não irá honrar seus compromissos. Mas temos certeza de que isso vai acontecer. Podemos então fazer uma análise histórica das vendas a prazo e das tendências de inadimplência do mercado e encontrar, com certo grau de segurança, um percentual das vendas que tende a não ser recebido.

Lembramos que o objetivo da contabilidade é fornecer informações adequadas para seus usuários a partir do registro de todos os fatos que podem ser mensurados financeiramente, como é o caso da inadimplência nas contas a receber. Assim, a contabilidade não pode ignorar esse fato, pois as pessoas que estivessem analisando o balanço patrimonial iriam considerar que as contas a receber entrariam todas no caixa da empresa, o que não é correto, ou seja, seria feita uma avaliação equivocada sobre a situação real da empresa (CPC, 2019).

Então, a contabilidade, uma vez estimado o valor da parcela que não será recebida pela empresa, faz a constituição da conta de perdas estimadas em créditos de liquidação duvidosa. Essa conta aparece abaixo da conta a receber de clientes, mas com seu valor negativo, para retificar o saldo de contas a receber. Veja o exemplo abaixo:

A empresa Pontes S/A tem R$ 3 milhões registrados em contas a receber de clientes e apresenta PECLD de R$ 300 mil logo abaixo. Assim, o usuário entende que, apesar de ter vendido a prazo R$ 3 milhões, tende a receber conforme apenas R$ 2,7 milhões.

No grupo do ativo não circulante, encontramos também algumas contas redutoras que, segundo Limeira et al. (2011), são:

- *depreciação:* representa a diminuição do valor de itens classificados no ativo não circulante causada por desgaste pelo uso, obsolescência técnica ou ação da natureza;
- *amortização:* compreende o valor correspondente à recuperação do capital aplicado em bens intangíveis ou imateriais a ser lançada como custo ou encargo, em cada exercício;
- *exaustão*: é a importância correspondente à diminuição do valor dos recursos naturais não renováveis ou exaurimento indeterminável resultante da sua exploração, a ser lançada como custo, em cada período de apuração, considerando o custo de aquisição ou prospecção dos recursos explorados.

A depreciação, amortização e exaustão têm a função de reduzir o valor das contas do ativo não circulante, reconhecendo sua perda ou obsolescência, sendo que são apresentadas com seus valores negativos.

O patrimônio líquido também possui contas redutoras, e as principais são:

- *capital a integralizar:* representa os valores que ainda não estão disponibilizados para a empresa, porém acertados previamente mediante contrato social para que sejam enviados;
- *prejuízos acumulados:* conta que acumula os resultados negativos dos períodos contábeis anteriores e atual;
- *ações em tesouraria:* conta com os valores das aquisições de suas próprias ações que deverá ser destacada no balanço como redutora da conta do patrimônio líquido.

Como explicado anteriormente, as contas redutoras existem para demonstrar com maior fidedignidade o patrimônio da empresa. Aqui, somente destacamos as mais importantes, mas existem outras.

Estrutura e dinâmica do balanço patrimonial

De acordo com o apresentado anteriormente e a Lei nº 6.404/1976, atualizada pelas leis nº 11.638/2007 e nº 11.941/2009, o balanço patrimonial deve respeitar a estrutura apresentada no quadro 5.

Quadro 5
Estrutura do balanço patrimonial

<table>
<tr><th colspan="4">Balanço patrimonial</th></tr>
<tr><th colspan="2">ATIVO
Aplicações de recursos</th><th colspan="2">PASSIVO
Origens de recursos</th></tr>
<tr><td>Curto prazo</td><td>Ativo circulante
Disponível
Aplicações financeiras
Valores a receber de curto prazo
(-) Provisão de crédito de liquidação duvidosa
Estoques
Despesas antecipadas</td><td>Passivo circulante
Salários
Encargos sociais a pagar
Impostos a recolher
Contas a pagar
Fornecedores
Empréstimos e financiamentos</td><td rowspan="2">Capital de terceiros</td></tr>
<tr><td rowspan="2">Longo prazo</td><td rowspan="2">Ativo não circulante
Ativo realizável a longo prazo
Valores a receber de longo prazo
Investimento
Ações de outras companhias
Imobilizado
Imóveis
(-) Depreciação
Intangível
Direitos sobre software
(-) Amortização
(-) Exaustão</td><td>Passivo não circulante
Impostos a recolher a longo prazo
Fornecedores a longo prazo
Financiamentos de longo prazo</td></tr>
<tr><td>Patrimônio líquido
Capital social
(-) Capital a integralizar
(-) Ações em tesouraria
Reservas de lucro
(-) Prejuízos acumulados</td><td>Capital próprio</td></tr>
</table>

Caro leitor, observe nessa estrutura cada grupo, seus respectivos subgrupos bem como as principais contas contábeis. Destacamos também as origens e as aplicações de recursos, o curto e o longo prazos.

Outra informação importante nessa estrutura é reconhecer que as origens de recursos poderão ser de terceiros (no caso dos fornecedores, bancos, governos) ou recursos próprios pertencentes aos sócios ou acionistas.

É importante que você conheça essa estrutura, pois boa parte dos indicadores econômicos e financeiros que vamos estudar depende de seu entendimento.

Movimentações no balanço patrimonial

O balanço patrimonial apresenta uma posição financeira da empresa diferente em cada fechamento de ano. Isso ocorre porque a contabilidade tem de registrar todos os fatos administrativos de forma sistêmica e ordenada durante o período, antes do fechamento do balanço.

Todos os fatos registrados monetariamente na contabilidade podem ser interpretados como origens e aplicações de recursos.

Vamos fazer o registro de algumas movimentações para você entender essa dinâmica. Comecemos pela criação da empresa Pontes S/A. De forma geral, uma empresa tem sua criação por meio da integralização do capital inicial feita pelos sócios. Esses recursos passam a incorporar o caixa da empresa. Vamos criar uma empresa com o capital de R$ 40.000. Assim, o balanço patrimonial da Pontes S/A se apresentaria conforme o quadro 6.

Após a constituição, a empresa Pontes S/A inicia suas operações. Tomemos como exemplo a situação da empresa decidindo a compra de estoque por R$ 20.000 e pagando à vista. Esta ação irá gerar um aumento de R$ 20.000 na conta estoque e uma diminuição do mesmo valor da conta caixa, pois houve o pagamento à vista. Com esse lançamento, o patrimônio da empresa se apresentaria conforme o quadro 7.

Quadro 6
Balanço patrimonial da empresa Pontes S/A – Constituição

Balanço patrimonial			
ATIVO Aplicações de recursos		**PASSIVO** Origens de recursos	
Ativo circulante		**Passivo circulante**	
Disponível – caixa	40.000		
Ativo não circulante		**Passivo não circulante**	
Ativo realizável a longo prazo			
Investimento			
Imobilizado		**Patrimônio líquido**	
		Capital social	40.000
Total do ativo	**40.000**	**Total do passivo**	**40.000**

Quadro 7
Balanço patrimonial da empresa Pontes S/A – Compra de estoque à vista

Balanço patrimonial			
ATIVO Aplicações de recursos		**PASSIVO** Origens de recursos	
Ativo circulante		**Passivo circulante**	
Disponível – caixa	20.000		
Estoque	20.000		
Ativo não circulante		**Passivo não circulante**	
Ativo realizável a longo prazo			
Investimento			
Imobilizado		**Patrimônio líquido**	
		Capital social	40.000
Total do ativo	**40.000**	**Total do passivo**	**40.000**

Observe que a origem dos recursos foi a conta caixa e a aplicação foi na conta estoque. Assim, diminuiu o caixa e aumentou o estoque no valor de R$ 20.000.

Vamos simular se a compra fosse realizada a prazo. Nesse caso, a origem seria um aumento na conta de passivo fornecedores. A empresa assumiria a obrigação de pagar pela compra do estoque no futuro. Assim, a estrutura do balanço patrimonial ficaria como descrita no quadro 8.

Quadro 8
Balanço patrimonial da empresa Pontes S/A –
Compra de estoque a prazo

Balanço patrimonial			
ATIVO Aplicações de recursos		**PASSIVO** Origens de recursos	
Ativo circulante		**Passivo circulante**	
Disponível – caixa	40.000	Fornecedores	20.000
Estoque	20.000		
Ativo não circulante		**Passivo não circulante**	
Ativo realizável a longo prazo			
Investimento			
Imobilizado		**Patrimônio líquido**	
		Capital social	40.000
Total do ativo	**60.000**	**Total do passivo**	**60.000**

Agora, a origem dos recursos para a aquisição do estoque foi a conta fornecedores. Observe que, nesse caso de compra a prazo, o total do ativo e do passivo aumentou, pois a empresa passou a ter duas fontes de recursos, que são o capital e fornecedores e duas aplicações, que são caixa e estoques.

Nos exemplos anteriores, notamos que na contabilidade sempre teremos dois lançamentos: um referente à origem e outro referente à aplicação dos recursos. Sempre que algum evento gerar movimentação em uma conta, haverá, necessariamente, o lançamento correspondente em outra ou outras.

Como para cada origem tem uma aplicação, a equação patrimonial está sempre equilibrada. Ou seja, o total do ativo sempre será igual ao total do passivo.

A equação patrimonial é a representação quantitativa do patrimônio da empresa. Pela sua importância, é conhecida como equação fundamental da contabilidade ou equação contábil básica.

Como sabemos, o patrimônio é tudo que a empresa tem de bens e direitos e tudo que ela tem de obrigações. O levantamento do balanço patrimonial, ao final de cada período, possibilita analisar as movimentações desse patrimônio e os impactos para a gestão do negócio. Nesse contexto, a equação patrimonial revela o retrato do patrimônio a cada momento.

O resultado dessa equação é obtido com a aplicação de uma fórmula simples:

Ativos (A) = passivos (P) + patrimônio líquido (PL).

O patrimônio líquido faz parte dos passivos por representar uma obrigação da empresa para com os sócios, pelo capital investido e pelos lucros gerados nas operações, que também pertencem aos sócios. Então, o patrimônio líquido representa a riqueza pertencente aos sócios após cumprir as obrigações com terceiros. Portanto, para avaliar a riqueza dos sócios a partir do balanço patrimonial, podemos utilizar a seguinte fórmula:

Patrimônio líquido (PL) = ativo (A) – passivo (P).

Essa é uma equação contábil básica, que evidencia o patrimônio líquido, que é a riqueza dos sócios. Também evidencia se a empresa possui bens e direitos, que são os ativos, superiores às obrigações com terceiros, que são representadas pelo passivo. Esta é a situação patrimonial normal da empresa. Mas é possível extrair outras interpretações dessa equação, dependendo dos valores que assumem os ativos, passivos e patrimônio líquido. Veja abaixo sobre as situações patrimoniais possíveis.

Situação patrimonial

Conforme demonstrado nos itens anteriores, o total dos bens e direitos do ativo não pode ser diferente do total das obrigações do passivo. Todas as vezes em que a empresa apresenta prejuízo fica registrado na conta retificadora ou redutora no patrimônio líquido, diminuindo a obrigação da empresa para com os sócios.

Os prejuízos acumulados fazem com que o patrimônio líquido da empresa diminua e isso não altera a igualdade entre ativo e passivo, pois, se no período as despesas superaram as receitas, gerando prejuízo, significa que, no período, ocorreram mais movimentações de diminuição de bens e direitos no ativo e aumentos de obrigações (passivo exigível) que deverá ser compensado pelo registro desse prejuízo no patrimônio líquido para equilibrar a equação patrimonial.

Estes prejuízos acumulados de vários exercícios acarretam a diminuição do patrimônio líquido, podendo fazer com que uma empresa apresente três estruturas:

- *Patrimônio líquido > 0 (zero)*: situação mais comum e observada principalmente no momento de constituição de uma empresa; representa a situação regular. Veja esta situação no quadro 9.

Quadro 9
Situação patrimonial regular

<table>
<tr><th colspan="2">Balanço patrimonial</th></tr>
<tr><th>ATIVO</th><th>PASSIVO</th></tr>
<tr><td rowspan="2">Bens + direitos</td><td>Obrigações</td></tr>
<tr><td>Situação líquida ou patrimônio líquido</td></tr>
</table>

Bens + direitos > obrigações – Situação líquida ou patrimônio líquido positivo.

- *Patrimônio líquido = 0 (zero)*: situação em que prejuízos acumulados acabaram zerando o valor do patrimônio líquido, sendo que a empresa estaria financiando integralmente seu ativo (aplicação de recursos) com capital de terceiros. Veja essa situação no quadro 10.

Quadro 10
Situação patrimonial nula

Balanço patrimonial	
ATIVO	**PASSIVO**
Bens + direitos	Obrigações

Bens + direitos = obrigações – Situação líquida ou patrimônio líquido nulo.

- *Patrimônio líquido < 0 (zero)*: situação em que os prejuízos acumulados superaram o valor do patrimônio líquido. Nessa situação, a empresa está financiando integralmente seu ativo, bem como cobrindo os prejuízos acumulados das operações, com capital de terceiros. Veja esta situação no quadro 11.

Quadro 11
Situação patrimonial negativa

Balanço patrimonial	
ATIVO	**PASSIVO**
Bens + direitos	Obrigações
Situação líquida ou patrimônio líquido negativo	

Bens + direitos < Obrigações – Situação líquida ou patrimônio líquido negativo.

Essa situação, na literatura, é conhecida como patrimônio líquido negativo ou passivo a descoberto. No mundo dos negócios, essa situação também é conhecida como “PL virado” ou patrimônio líquido virado.

Estas são as três possibilidades da situação patrimonial de uma empresa a partir de sua constituição.

Exercício social e ciclo operacional

O exercício social de uma empresa é o período em que se deve elaborar demonstrativos de todas as transações ou movimentações contábeis, com a finalidade de apurar com coerência o resultado do desempenho operacional.

O exercício social é um intervalo de tempo de 12 meses, em que as empresas conseguem acompanhar todos os fluxos de valores. A partir disso, as empresas têm uma base de comparação dos seus resultados. Esse exercício social pode ou não começar em 1º de janeiro e terminar no dia 31 de dezembro.

O exercício social é o período fixado no art. 175 da Lei nº 6.404/1976 – Leis das Sociedades por Ações, que rege todas as empresas estabelecidas no Brasil. Esse artigo determina que, ao término do exercício social, a empresa deve elaborar as demonstrações contábeis. De acordo com essa legislação, devem ser observados os requisitos a seguir descritos.

A duração do exercício social será de 12 meses, com exceção daqueles casos em que ocorrer a constituição da empresa ou em que for modificada a data de encerramento do exercício.

Outro conceito importante é sobre o ciclo operacional, que é o intervalo de tempo compreendido entre a aplicação de recursos na produção dos bens ou serviços e o recebimento do cliente pela entrega dos produtos ou serviços.

Nas empresas que tiverem o ciclo operacional superior a um exercício social, a classificação dos ativos e passivos no circulante e no não circulante poderá ter por base esse ciclo. Ou seja, ativos e passivos que vão se realizar em períodos inferiores ao ciclo operacional da empresa são considerados curto prazo, enquanto períodos maiores que o ciclo operacional são considerados longo prazo.

Demonstração do resultado do exercício (DRE)

Alguns conceitos básicos que precisamos conhecer para facilitar a compreensão da DRE.

Quando falamos em balanço patrimonial, fizemos a analogia com o retrato. Pois o balanço apresenta o saldo das contas na data do levantamento da demonstração. Já a DRE, podemos dizer que representa um filme, pois apresenta o somatório de todas as receitas geradas no período de apuração ou exercício social, confrontado com todos os custos e despesas consumidos nesse mesmo período.

Toda empresa realiza diariamente uma série de pagamentos com as mais diversas finalidades. Esses pagamentos podem ser chamados de gastos. Porém, esses gastos são classificados em custos, despesas, investimentos e perdas. Para entender a DRE, precisamos, neste momento, compreender principalmente a separação dos gastos em custos e despesas. No nosso último capítulo vamos trabalhar melhor esse conceito, pois vamos estudar gestão de custos (Marion, 2009).

Os gastos classificados como custos são os recursos que foram consumidos na fabricação de produtos ou nos serviços prestados. Como exemplo, considere um computador. Nesse computador, podemos dizer quanto de circuitos, tela, componentes eletrônicos, energia elétrica da produção, depreciação das máquinas de produção, fios e horas de mão de obra de produção foram consumidos para montá-lo. Todos estes recursos são claramente identificados no produto, sendo considerados custos.

Os gastos classificados como despesas, apesar de também serem gastos da empresa, não foram consumidos na fabricação dos produtos ou na prestação dos serviços. Por exemplo, todos os gastos das áreas administrativas, comerciais e financeiras da empresa não são recursos consumidos na fabricação dos produtos ou nos serviços. Todos os gastos que têm essas características são considerados despesas.

Demonstração dedutiva

A DRE fornece um sumário das receitas, custos e despesas de todo um período, e não somente a situação estática em determinado momento, como faz o balanço patrimonial. O objetivo desse relatório é confrontar as receitas geradas com os custos e despesas correspondentes para apurar o lucro ou prejuízo do exercício.

A DRE pode ser visualizada, de uma forma simples, como sendo a sumarização de receitas, custos e despesas realizadas em determinado período, conforme ilustra o quadro 12.

Quadro 12
DRE simples

DRE – simples	Valores
Receitas	100,00
(-) Custos	45,00
(-) Despesas	25,00
= Lucro ou prejuízo	**30,00**

É importante lembrar que a apuração do resultado poderá ser pelo regime de caixa ou pelo regime de competência, como já explicamos, sendo que o regime de competência é o recomendado pelo Conselho Federal de Contabilidade para ser usado na apuração contábil.

No regime de competência, as receitas, custos e despesas são reconhecidos no período em que ocorrem, independentemente do efetivo recebimento das receitas ou pagamento dos custos e despesas. É dessa forma que vamos apurar a DRE.

Estrutura básica da demonstração de resultado do exercício

A função dos relatórios contábeis é fornecer informações adequadas e úteis para seus usuários. Sendo assim, o simples agrupamento de todos os gastos em "despesas" não é uma informação totalmente adequada, pois existem diversas situações diferenciadas que podem reduzir a receita de uma empresa.

Para que a apuração de resultado de uma empresa pudesse se tornar mais rica em detalhes, a estrutura padrão, apresentada no quadro 13, foi adotada de acordo com o art. 187 da Lei nº 6.404/1976 – Leis das Sociedades por Ações.

Quadro 13
Estrutura básica da DRE

1.	**RECEITA BRUTA DE VENDAS E SERVIÇOS**	
	(-) Vendas canceladas	DEDUÇÕES DA RECEITA BRUTA
	(-) Abatimentos e descontos	
	(-) Impostos sobre vendas	
2.	**(=) RECEITA OPERACIONAL LÍQUIDA**	
	(-) Custo dos produtos vendidos (CPV)	CUSTOS DAS VENDAS
	(-) Custo dos serviços prestados (CSP)	
	(-) Custo das mercadorias vendidas (CMV)	
3.	**(=) RESULTADO OPERACIONAL BRUTO (LUCRO BRUTO)**	
	Despesas com vendas	DESPESAS OPERACIONAIS
	Despesas administrativas e despesas gerais	
	(+/-) Outras receitas ou despesas operacionais	
4.	**(=) RESULTADO ANTES DAS RECEITAS E DESPESAS FINANCEIRAS**	
	Despesas financeiras	RESULTADO FINANCEIRO
	Receitas financeiras	
5.	**(=) RESULTADO OPERACIONAL ANTES DO IR (LAIR)**	
	Provisão para contribuição social	IMPOSTOS SOBRE LUCRO
	Provisão para imposto de renda	
6.	**(=) RESULTADO DO EXERCÍCIO APÓS IMPOSTO DE RENDA**	
	Empregados	PARTICIPAÇÕES
	Administradores	
7.	**(=) LUCRO/PREJUÍZO LÍQUIDO DO EXERCÍCIO**	
	Lucro líquido do exercício por ação do capital social	

A receita bruta é composta de todos os valores gerados pela venda dos produtos e/ou serviços oferecidos pela empresa, em um período, e originados de sua atividade operacional, ou seja, o fim para o qual foi constituída.

Do total da receita bruta são deduzidos os seguintes valores:

- Impostos sobre vendas – são os tributos que têm como fato gerador a venda. São proporcionais ao volume das vendas. Os mais comuns nesse grupo são o imposto sobre produtos industrializados (IPI), imposto sobre circulação de mercadorias e serviços (ICMS), imposto sobre serviços (ISS), Programa de Integração Social (PIS) e contribuição para financiamento da seguridade social (Cofins). É importante destacar que os impostos sobre vendas não pertencem à empresa, sendo esta apenas uma intermediária para seu recolhimento.
- Devoluções ou vendas canceladas – são os valores das mercadorias devolvidas por estarem em desacordo com o pedido no que tange a: preço, cor, numeração, quantidade, avaria, entre outros.
- Descontos e abatimentos – nas vendas é possível ocorrer a diminuição nos preços como um incentivo para fechar a venda ou para evitar que produtos que estão em desacordo com o pedido retornem gerando um prejuízo maior. Se a redução de preço é concedida no momento da venda, esta é chamada contabilmente de desconto, e, se for após, chamamos de abatimento.

Após todas as deduções da receita bruta que vimos, encontramos a receita líquida.

Da receita líquida subtraímos o montante dos custos referentes aos bens vendidos ou serviços prestados, para encontrar o lucro bruto. Então, o lucro bruto é o valor resultante da diferença entre a receita líquida e os custos dos produtos e/ou serviços prestados. Esse valor deverá ser suficiente para liquidar as despesas da empresa e ainda remunerar os proprietários.

Utilizamos três denominações de custos dependendo do ramo de atuação da empresa. São elas:

- Custo dos produtos vendidos (CPV) – para os produtos das empresas industriais.
- Custo das mercadorias vendidas (CMV) – para as mercadorias das empresas comerciais;
- Custo dos serviços vendidos (CSV) – para empresas prestadoras de serviços, também chamado de CSP (custo dos serviços prestados).

A partir do lucro bruto começamos a subtrair todas as despesas operacionais que contribuíram de forma indireta na organização administrativa, financeira e de vendas da empresa. As principais despesas operacionais são:

- Despesas com vendas – são os gastos que contribuem com a promoção de venda dos produtos com a intenção de gerar maior volume de operações. Como exemplos temos: propaganda, publicidade, remuneração dos vendedores, fretes de entrega dos produtos, provisão para crédito de liquidação duvidosa, entre outros.
- Despesas administrativas e despesas gerais – são os gastos necessários para administrar a empresa durante o período. Como exemplos, temos: os impostos e aluguéis sobre prédios administrativos, depreciações em geral, salários de executivos, honorários de diretoria, entre outros.
- Outras receitas e despesas operacionais – aqui temos um grupo de contas referente a operações não ligadas à atividade

principal da empresa, mas que geram receitas e custos. Um exemplo dessas operações seria a fábrica realizando a venda de uma máquina de sua produção. Nesse exemplo, a atividade principal da empresa não é venda de máquinas; no entanto, na apuração do resultado não podemos ignorar as perdas ou ganhos provenientes dessa operação. Assim, o resultado dessas operações é contabilizado de forma destacada na DRE. Esse grupo de contas tanto pode aumentar ou diminuir o resultado da empresa.

- Resultado de equivalência patrimonial – apesar de não aparecer em nossa estrutura básica apresentada acima, essa conta poderá aparecer na demonstração de resultado. Ela representa os valores da participação a que a organização tem direito, referente ao lucro apurado por empresa que tenha participação. Essa conta somente aparecerá na DRE quando a empresa tem ações e participações permanentes em outras empresas.

Partindo do lucro bruto subtraímos as despesas e as contas citadas acima para encontrar o resultado antes das despesas e receitas financeiras. Esse é o resultado apurado pela empresa, exclusivamente com as operações que representam o objetivo fim dela, desconsiderando os efeitos das movimentações financeiras, sejam de aplicações ou empréstimos.

Do resultado antes das despesas e receitas financeiras vamos deduzir as despesas financeiras e somar as receitas financeiras, evidenciando o resultado líquido das operações financeiras. Esse resultado líquido das operações financeiras poderá aumentar ou reduzir o lucro da empresa.

Após o lançamento do resultado das operações financeiras, chegamos no resultado antes dos tributos sobre o lucro ou, como também é conhecido, lucro antes do imposto de renda (LAIR).

Em inglês é conhecido como EBT que significa *earning before taxes* (lucro antes dos tributos). Como o nome indica, o último item a ser deduzido do EBT são os impostos.

No Brasil, existem três regimes principais de tributação das pessoas jurídicas, que passamos a explicar de forma simples:

- *Lucro real* – nesse regime tributário, os impostos pagos sobre o lucro são imposto de renda da pessoa jurídica (IRPJ) e contribuição social sobre o lucro líquido (CSLL). Estes são calculados de acordo com o lucro real apurado pela empresa, ou seja, a receita deduzida dos custos e despesas.
- *Lucro presumido* – nessa modalidade, o lucro da empresa é presumido de acordo com a categoria do negócio. Assim, os impostos sobre lucro incidirão sobre a porcentagem do faturamento predefinido pelo governo.
- *Simples nacional* – nesse regime, os impostos são unificados, as alíquotas variam de 4% a 16% sobre a receita, de acordo com a categoria em que a empresa está inserida. Só podem optar por esta modalidade empresas com faturamento anual de até R$ 3,6 milhões.

Assim, o imposto de renda e a contribuição social têm seus valores apurados após a realização de uma série de ajustes e compensações que se façam necessários segundo a legislação fiscal vigente.

Então, deduzimos os tributos apurados e chegamos ao resultado do exercício após o imposto de renda. Este resultado foi apurado levando em consideração somente as operações continuadas, ou seja, que permanecerão sendo realizadas pela empresa nos próximos períodos. Esse resultado permite que o usuário da contabilidade possa projetar o futuro da empresa com maior confiabilidade, pois a estrutura de resultado apresentada até o momento tende a se repetir nos próximos períodos.

Porém se a empresa, no período de apuração, descontinuar uma unidade de negócios, uma linha de produção ou qualquer outra unidade geradora de resultados, deverá fazer uma apuração detalhada e apresentar as receitas geradas deduzidas dos custos e despesas para venda ou desmobilização desta unidade. Isso pode aumentar ou diminuir o lucro deste período.

Somente quando no período de apuração ocorrer esse tipo de evento, deveremos, do subtotal resultado do exercício após o imposto de renda, somar ou subtrair, no caso de lucro ou prejuízo, o resultado líquido das operações descontinuadas, sendo que os tributos referentes a tais operações devem também ser destacados e subtraídos dessa conta, encontrando-se o resultado líquido das operações descontinuadas após os tributos. A estrutura básica da DRE que apresentamos não leva em consideração as operações descontinuadas, pois não é um caso recorrente em todas as empresas.

Por fim, quando apuramos o resultado do exercício após o imposto de renda, com ou sem as operações descontinuadas, chegamos finalmente ao lucro (ou prejuízo) total apurado pela empresa no período e que poderá ser distribuído aos sócios, administradores e empregados.

As destinações dos lucros, serão de acordo com a legislação, estatuto ou mesmo de acordo com a assembleia geral ordinária dos acionistas, que determinará os valores para os debenturistas, empregados, participações de administradores, partes beneficiárias, fundos de assistência e previdência para empregados.

Após as destinações do lucro, chegamos ao lucro ou prejuízo líquido do exercício, de onde se apura o lucro líquido por ação do capital. O lucro por ação é apurado pela divisão do lucro líquido do exercício pelo número de ações do capital social.

O lucro ou prejuízo líquido por ação do capital social possibilita melhor avaliação pelos investidores dos resultados apurados pela companhia em relação às ações que possui. Isso é determinado no art. 187 da Lei nº 6.404/1976.

A partir da DRE, podemos analisar a geração de caixa no período calculando quanto de recursos financeiros foram gerados pelo resultado do período apurado. As contas que compõem a DRE representam receitas, custos e despesas, que em algum momento serão realizados, sendo a exceção as contas de depreciação, amortização e exaustão, as quais representam os desgastes ou obsolescência dos investimentos realizados em caráter permanente, que não serão pagos. São gastos do período, mas não haverá saída de caixa.

A geração de caixa será calculada simplesmente acrescentando ao resultado líquido do período o valor das contas de depreciação, amortização e exaustão.

Este valor encontrado representa o valor de geração de caixa apurado na DRE e não necessariamente o aumento de caixa do período, pois este sofre influência de outros fatores, tais como prazos de recebimento e pagamento, bem como a contratação de empréstimos, os quais não são relacionados na apuração do resultado do exercício.

Relação entre balanço patrimonial e DRE

Já descrevemos o balanço patrimonial e a demonstração de resultado do exercício, que são os principais relatórios contábeis que auxiliam os gestores na tomada de decisão. São dois demonstrativos distintos que estão intimamente ligados.

Durante o período contábil, registramos todos os fatos administrativos. De forma geral, as receitas aumentaram o caixa da empresa e os custos e despesas reduziram os bens e direitos da empresa. Todos esses lançamentos contábeis aumentaram ou diminuíram o ativo e o passivo, alterando o equilíbrio da equação patrimonial. Por isso, ao final do período contábil, fazemos a apuração do resultado confrontando as receitas com os custos e despesas geradas no período para estabelecer o lucro ou prejuízo. Esse lucro ou prejuízo apurado é exatamente o valor que deve ser lançado na conta reserva de capital no patrimônio líquido para fechar a equação patrimonial.

As diversas operações de uma empresa podem apenas gerar impacto no balanço patrimonial, como a compra de estoque à vista, pois diminui caixa e aumenta estoque no mesmo valor, não alterando o total do ativo. Também podem ser operações de receitas, custos e despesas que alteram o total do ativo ou passivo, pois são operações que geram lucros ou prejuízos. Este tipo de operação tem como característica impactar contas de balanço e resultado ao mesmo tempo. Veja a seguir um exemplo do que falamos.

A empresa Pontes S/A possui a seguinte posição em seu balanço patrimonial, conforme demonstrado no quadro 14.

Quadro 14

Balanço patrimonial da Pontes S/A – Primeira etapa

Balanço patrimonial – Pontes S/A			
ATIVO	Valores	**PASSIVO**	Valores
Circulante		**Circulante**	
Disponibilidade	20.000		
Estoque	20.000		
		Patrimônio líquido	
		Capital	40.000
Total do ativo	40.000	Total do passivo	40.000

Caso a Pontes S/A vendesse todo o estoque à vista por R$ 50.000, teríamos as seguintes movimentações, conforme demonstrado no quadro 15:

- Receita e caixa – A Pontes S/A gera uma receita de R$ 50.000 em sua DRE e, em contrapartida, mais R$ 50.000 em disponibilidades.

Quadro 15
Balanço patrimonial e DRE da Pontes S/A – Segunda etapa

Balanço patrimonial – Pontes S/A			
ATIVO	Valores	**PASSIVO**	Valores
Circulante Disponibilidade Estoque	 70.000 20.000	**Circulante** **Patrimônio líquido** Capital	 40.000
Total do ativo	90.000	Total do passivo	40.000

DRE	Valores
Receita de vendas	50.000
Lucro do período	

Custo e estoque – O estoque é registrado no balanço patrimonial pelo seu custo de aquisição. Agora vamos dar baixa no valor do estoque que foi entregue ao cliente e reconhecer esse custo na DRE. Nesse caso, conforme demonstrado no quadro 16, todo o estoque seria baixado.

Quadro 16
Balanço patrimonial e DRE da Pontes S/A – Terceira etapa

Balanço patrimonial – Pontes S/A			
ATIVO	Valores	**PASSIVO**	Valores
Circulante Disponibilidade Estoque	 70.000 0	**Circulante** **Patrimônio líquido** Capital	 40.000
Total do ativo	70.000	Total do passivo	40.000

DRE	Valores
Receita de vendas	50.000
(-) Estoque	-20.000
Lucro do período	

Lucro líquido e reserva de lucros – Como mencionado, o lucro pertence aos sócios. Assim, depois de apurado, deve ser transferido para a conta reserva de lucros no patrimônio líquido. Com essa operação, os totais de ativo e passivo serão iguais. Observe a posição patrimonial demonstrado no quadro 17.

Quadro 17
Balanço patrimonial e DRE da Pontes S/A – Quarta etapa

Balanço patrimonial – Pontes S/A			
ATIVO	Valores	**PASSIVO**	Valores
Circulante Disponibilidade Estoque	 70.000 0	**Circulante** **Patrimônio líquido** Capital Reserva de lucros	 40.000 30.000
Total do ativo	70.000	Total do passivo	70.000

DRE	Valores
Receita de vendas	50.000
(-) Estoque	-20.000
Lucro do período	**30.000**

Como demonstrado no exemplo da Pontes S/A, o balanço patrimonial e a DRE se complementam. Enquanto o balanço apresenta a posição estática econômica e financeira da empresa no final de um período, a DRE demonstra os resultados de todas as transações de receitas, custos e despesas desse mesmo período, destacando se ocorreu lucro ou prejuízo.

Esses são dois dos demonstrativos principais da contabilidade por meio dos quais podemos fazer uma análise econômica e financeira da empresa, utilizando os indicadores de gestão financeira que veremos no próximo tópico.

Indicadores de gestão financeira

Sá (2012) faz a diferenciação de dados para informação de uma forma didática. Imagine que seu médico solicita uma série de exames, como hemograma completo, eletrocardiograma, ultrassonografia. Por curiosidade, você abre os envelopes para ver os resultados. Se não for médico ou da área da saúde, não entenderá nada. Para você, que é leigo no assunto, os resultados não são informações; são apenas e tão somente dados. Todos os relatórios não interpretados não passam de dados. Então é justamente sobre como interpretar esses dados que vamos discutir neste tópico.

Para a realização da análise econômico-financeira de uma empresa, o analista utiliza, pelo menos, o balanço patrimonial, demonstração do resultado do exercício, fluxo de caixa e notas explicativas.

Os demonstrativos financeiros devem conter a assinatura do contador e do responsável pela empresa.

O processo de análise das demonstrações financeiras deve seguir os seguintes passos: exame e padronização, cálculo dos indicadores, interpretação dos quocientes e, por fim, relatório.

Exame e padronização

Nesse momento, devemos fazer uma leitura de todas as demonstrações financeiras e, em seguida, proceder a alguns ajustes com vistas a padronizar os demonstrativos. Destacamos os seguintes:

- Empréstimos a interligadas – quando aparecerem no ativo circulante deverão ser reclassificados para realizável a longo prazo. Esses empréstimos podem retornar à empresa no curto prazo, mas, como os devedores exercem influência decisiva sobre a credora, normalmente esses empréstimos não têm prioridade para serem liquidados.

  A própria Lei nº 6.404/1976 determina que os negócios realizados com empresas interligadas, diretores e sócios, quando não fazem parte das atividades normais da empresa, devem ser classificados em longo prazo.
- Empréstimos de diretores e/ou interligadas – essa conta no passivo não circulante deverá ser reclassificada para o passivo circulante. Esse caso é o oposto do anterior. Valores que a empresa toma das pessoas ou empresas ligadas, a título de empréstimo, podem ser exigidos a qualquer momento.

Indicadores econômico-financeiros

Esses cálculos interessam principalmente ao proprietário da empresa e aos analistas externos. O proprietário procura detectar problemas e pontos fortes existentes para traçar estratégia no sentido de corrigir as falhas ou aproveitar as oportunidades. Já o analista externo verifica a saúde econômica e financeira para decisão de aplicação de recursos na empresa.

Um exemplo é o banco que utiliza os indicadores para tomar a decisão de emprestar capital de giro de curto prazo. O gerente do banco está interessado basicamente no retorno seguro dos capitais emprestados. Privilegiará os aspectos dos indicadores de liquidez e segurança. Já em se tratando de empréstimo de longo prazo, dará ênfase à geração de lucro e à eficiência operacional da empresa, ou seja, ao enfoque nos indicadores de rentabilidade.

Na análise econômico-financeira utilizando os indicadores não devemos interpretá-los isoladamente. Sempre devemos notar o conjunto dos indicadores, observando o aspecto dinâmico, em uma série histórica, para avaliar a evolução dos cenários econômicos e financeiros da empresa no contexto em que se encontra. Para isso, na pesquisa da capacidade, em termos de segurança, liquidez e rentabilidade, é importante observar pelo menos três exercícios sucessivos. Com somente um exercício é possível extrair os diversos indicadores que apresentarão uma visão da situação econômica e financeira daquele momento e não de sua evolução.

Vamos fazer o estudo de quatro grupos de indicadores para melhor compreender a influência de cada um. Estes quatro grupos são:

- índices de estrutura – analisam a segurança oferecida pela empresa aos capitais de terceiros, apresentam a política de obtenção dos mesmos e sua alocação nos diversos itens do ativo;

- índices de liquidez – medem a capacidade de pagamento dos compromissos assumidos;
- índices de rentabilidade – estudam o desempenho geral da empresa, demonstrando a capacidade de geração de lucros;
- indicadores de prazos médios – revelam a política de compra, estocagem e venda dos bens e serviços.

Índices de estrutura patrimonial

Os índices de estrutura patrimonial, segundo Limeira et al. (2011), avaliam a segurança que a empresa oferece aos recursos de terceiros e revelam a política de captação de recursos e de alocação deles nos diversos itens do ativo.

Os capitais próprios e de terceiros são tomados para financiar as aplicações nos ativos. Os terceiros avaliam seus riscos observando qual é sua participação em relação ao capital dos sócios. Em geral, quanto maior for a participação dos terceiros, maior será o risco a que estão expostos.

Os principais indicadores de estrutura utilizados são:

- RFR – relação entre fontes de recursos;
- EG – endividamento geral;
- CE – composição das exigibilidades;
- IPL – imobilização do patrimônio líquido.

De forma geral, todos os índices de estrutura são interpretados como: quanto maior for o indicador, pior é a estrutura de capital. Mas, como falamos, não podemos analisar de forma isolada esses indicadores e sim no contexto. A empresa poderá ter grande participação de capital de terceiros em relação ao capital dos sócios e estar investindo em projetos que são suficientes para gerar resultados que cobrem o custo do capital de terceiros e ainda geram lucros para os sócios.

Relações entre as fontes de recursos (RFR)

Esse indicador estabelece a relação percentual entre os recursos de terceiros PC (passivo circulante) mais PNC (passivo não circulante) e os recursos próprios PL (patrimônio líquido) aplicados na empresa. Fórmula:

$$RFR = \frac{PC + PNC}{PL} \times 100$$

Este índice poderá ser menor, maior ou igual a 100%. Quando menor que 100%, significa que o capital próprio é maior que o capital de terceiros. Se for igual a 100%, significa que o capital próprio é igual ao capital de terceiros. Porém, se for maior que 100%, o capital de terceiros tomado pela empresa é superior ao capital próprio.

Esse indicador demonstra o nível de dependência da empresa em relação ao capital de terceiros para financiar suas aplicações.

Endividamento geral (EG)

Índice que revela a proporção de recursos de terceiros utilizados para financiar os ativos da empresa. Fórmula:

$$EG = \frac{PC + PNC}{\text{ATIVO TOTAL}} \times 100$$

Esse índice poderá ser menor, maior ou igual a 100%. Quando menor que 100%, por exemplo 60%, significa que o capital de terceiros financia esse percentual das aplicações em ativos, e os outros 40% são financiados pelo capital próprio. Se for igual a 100%, significa que todas as aplicações em ativo são financiadas pelo capital de terceiros, significando que o patrimônio líquido, nessa situação, é zero ou nulo. Porém, se for maior que 100%, significa que o capital de terceiros tomado pela empresa cobre todas as aplicações em ativos a ainda financia o patrimônio líquido negativo. Essa é a situação em que a empresa está financiando seus prejuízos com capital de terceiros.

Quanto menor for o endividamento, menor será a dependência de capital de terceiros e, consequentemente, o risco que a empresa oferecerá ao capital de terceiros. Como falamos, deve-se considerar o perfil desse endividamento e sua destinação. Recursos de terceiros tomados em longo prazo para financiar investimentos produtivos capazes de remunerar o custo do capital tomado não representam risco. Os recursos tomados em curto prazo, se não forem onerosos como fruto de uma adequada administração de prazos de fornecedores, também não representam risco.

Composição do endividamento (CE)

A composição do endividamento demonstra quanto do capital de terceiros vence no curto prazo. Representa a comparação das dívidas de curto prazo com o endividamento total. Fórmula:

$$CE = \frac{PC}{PC + PNC} \times 100$$

Esse índice poderá ser menor ou igual a 100%. Quando menor que 100%, por exemplo 60%, significa quanto do capital de terceiros vence no curto prazo. Se for igual a 100%, significa que todos os recursos de terceiros tomados vencem no curto prazo. Nesse caso, não existe endividamento de longo prazo. Então, podemos também dizer que empresas com endividamento concentrado no longo prazo, em decorrência de investimentos produtivos, oferecem uma situação mais tranquila no curto prazo.

Imobilização do patrimônio líquido (IPL)

É o indicador que demonstra o quanto das aplicações de recursos em caráter permanente representado pelos subgrupos do ativo não circulante – investimento, imobilizado e intangível – é financiado pelo seu patrimônio líquido. Fórmula:

$$IPL = \frac{\text{INVESTIMENTO + IMOBILIZADO + INTANGÍVEL}}{\text{PL}} \times 100$$

No investimento, imobilizado e intangível, temos aplicações de relevantes valores em máquinas, equipamentos, instalações, participações em outras empresas e marcas, que normalmente vão gerar benefícios durante longo prazo. Essas aplicações deverão ser feitas com recursos dos sócios ou com recursos de longo prazo de terceiros, fazendo-se, assim, uma adequação dos prazos das aplicações de recursos aos prazos das fontes.

Esse índice poderá ser menor, maior ou igual a 100%. Quando menor que 100%, por exemplo 80%, significa que todas a aplicações de caráter permanente são financiadas pelo capital próprio e ainda sobram 20% do capital dos sócios para aplicar em outros ativos. Se for igual a 100%, significa que as aplicações de caráter permanente consomem a totalidade do capital próprio. Porém, se for maior que 100%, significa que as aplicações de caráter permanente consomem todo o capital dos sócios e ainda necessitam de capitais de terceiros.

Índices de liquidez

Esse grupo de indicadores avalia a capacidade financeira da organização em satisfazer os compromissos com terceiros. Demonstra, para cada real de obrigações assumidas, quanto a empresa possui de bens e direito no mesmo período.

Quando calculamos os índices de liquidez, nos deparamos com o indicador conhecido como capital circulante líquido (CCL), também conhecido como capital de giro ou somente capital circulante. O cálculo do CCL é dado pela fórmula: CCL = AC (ativo circulante) – PC (passivo circulante). Você notará que o CCL possui uma ligação como o índice de liquidez corrente.

Vamos estudar os três indicadores de liquidez mais conhecidos que, segundo Limeira et al. (2011), são:

- LG – liquidez geral;
- LC – liquidez corrente;
- LS – liquidez seca.

Normalmente, podemos dizer que, quanto maior a liquidez, melhor será a situação financeira da empresa. Porém mesmo um alto índice de liquidez não representa saúde financeira. A empresa pode ter muitos bens e direitos que vão se transformar em dinheiro, mas não necessariamente nos mesmos prazos de pagamento das obrigações. É necessária uma adequada administração dos prazos de recebimento e de pagamento.

Assim, a empresa que possui estoques e contas a receber de clientes em que os estoques não giram e boa parte dos clientes atrasa os pagamentos poderá ter altos índices de liquidez e ter problemas, não conseguindo honrar seus compromissos nos vencimentos.

Liquidez geral (LG)

$$LG = \frac{AC + ARLP}{PC + PNC}$$

Esse indicador mede a capacidade de pagamento de todo o capital de terceiros, ou seja, do passivo exigível da organização. Indica se a empresa possui recursos circulantes e de longo prazo para honrar todos os seus compromissos com terceiros.

Liquidez corrente (LC)

$$LC = \frac{AC}{PC}$$

É um dos indicadores mais utilizados pelos analistas. Demonstra quanto a organização dispõe de recursos de curto prazo, que são as disponibilidades, clientes, estoques e outros bens e direitos para liquidar suas dívidas de curto prazo, que são representadas pelos fornecedores, empréstimos e financiamentos de curto prazo, contas a pagar, entre outras obrigações. Esse indicador pode ser maior, igual ou menor que 1. Se maior que 1, significa que a empesa possui mais recursos de curto prazo do que obrigações de curto prazo. Se igual a 1, a empresa possui o mesmo valor de recursos de curto prazo e de obrigações de curto prazo. E se for menor que 1, a empresa possui mais obrigações do que recursos de curto prazo.

Liquidez seca

$$LS = \frac{AC - ESTOQUES}{PC}$$

Esse indicador demonstra quanto a empresa possui de recursos de curto prazo, sem contar com a venda do estoque, para honrar suas obrigações de curto prazo. Se for maior ou igual a 1, a empresa não depende de vender os estoques para honrar suas obrigações de curto prazo. Por outro lado, se menor que 1, demonstra que a empresa possui dependência do giro dos estoques para honrar suas obrigações.

Se o analista quiser ser mais conservador nesse cálculo, poderá deduzir do ativo circulante, além dos estoques, todas as contas que não representam entrada efetiva de recursos na empresa, como as despesas antecipadas, impostos a compensar, adiantamentos a funcionários. Porém, qualquer que seja a fórmula utilizada, o importante é que se tenha consciência dos valores envolvidos e da relação expressa pelo indicador.

Índices de rentabilidade

Para os indicadores de estrutura patrimonial e de liquidez, que já estudamos, utilizamos somente o balanço patrimonial. Agora, para os indicadores de rentabilidade, vamos utilizar também a demonstração do resultado do exercício.

Os indicadores de rentabilidade avaliam a capacidade da empresa em gerar lucros para remunerar seus acionistas. A rentabilidade da empresa avalia as políticas e as decisões implementadas pelos gestores, demonstrando o nível de eficiência e o êxito econômico-financeiro atingido. Esses indicadores são interpretados como: quanto maior, melhor (Limeira et al., 2011).

Os indicadores de rentabilidade que estudaremos são:

- RPL – rentabilidade do patrimônio líquido ou ROE (*return on equity*);
- MOL – margem operacional de lucro;
- ML – margem líquida de lucro;
- RA – rotação do ativo;
- RI – rentabilidade dos investimentos ou ROA (*return on assets*).

Rentabilidade do patrimônio líquido (RPL) ou ROE (*return on equity*)

A rentabilidade do patrimônio líquido, também conhecida pela sigla inglesa *ROE (return on equity)* que significa retorno sobre o patrimônio líquido, mede a remuneração dos capitais dos sócios investidos na empresa. É um indicador muito avaliado pelos investidores em ações que utilizam as técnicas fundamentalistas, pois permite, além de avaliar a remuneração do capital próprio, analisar se esse rendimento é compatível com alternativas de aplicação.

$$RPL = \frac{\text{Lucro líquido}}{\text{Patrimônio líquido}} \times 100$$

Margem operacional de lucro (MOL)

Esse indicador mede a lucratividade das vendas. Revela a eficiência operacional da empresa, medindo quanto da receita gerada sobra depois de abatidos todos os gastos com a operação normal no período. É importante ressaltar que no caso de a DRE trazer apuração de operações descontinuadas, estas não devem ser consideradas operacionais. Fórmula:

$$MOL = \frac{\text{Resultado operacional antes do IR}}{\text{Receita operacional líquida}} \times 100$$

Compara o resultado operacional antes dos impostos com a receita operacional líquida, medindo a eficiência operacional na geração do lucro.

Margem líquida de lucro (ML)

A exemplo do índice anterior, margem líquida (ML) é uma medida da lucratividade obtida pela empresa na comparação do lucro líquido do exercício com a receita operacional líquida.

$$ML = \frac{\text{Lucro líquido do exercício}}{\text{Receita operacional líquida}} \times 100$$

Demonstra quanto da receita líquida gerada sobra após a dedução de todos os custos e despesas operacionais, inclusive os impostos e participações.

Rotação do ativo (RA)

Apesar de não ser um índice de rentabilidade, o estudo da rotação ou giro das aplicações em ativos constitui-se um aspecto importante para análise da rentabilidade dos investimentos.

Esse indicador demonstra quantas vezes girou, durante o período, o ativo total da empresa. Em outras palavras, é medir se uma empresa está utilizando devidamente seu ativo, como bens, investimentos, contas a receber, estoques, máquinas, equipamentos e instalações para produzir riqueza por meio da venda de seus produtos e serviços.

Sempre que houver dados de dois demonstrativos consecutivos, deve-se utilizar a média do ativo total para comparar com receita operacional líquida.

$$\text{RA} = \frac{\text{Receita operacional líquida}}{\text{Ativo total}}$$

Vale lembrar que os ativos são bens e direitos com expectativa de geração de caixa no futuro.

Por meio da análise desse indicador, é possível definir métricas e avaliar mudanças nas estratégias de aplicação em ativos, de modo a maximizar o potencial de geração de receita e lucros.

Rentabilidade dos investimentos (RI) ou *return on assets* (ROA)

Reflete o quanto a empresa está obtendo de resultado em relação às suas aplicações totais, ou seja, ativo total. A principal finalidade da rentabilidade dos investimentos é mostrar ao empresário e ao investidor qual está sendo a capacidade de gerar lucro com a estrutura dos ativos.

Sempre que houver dados de dois demonstrativos consecutivos, deve-se utilizar o ativo total médio para comparar com o lucro operacional.

$$\text{RI} = \frac{\text{Lucro líquido do exercício}}{\text{Ativo total}} \times 100$$

Esse indicador é muito utilizado pelos investidores na bolsa de valores para orientar a decisão de investimento. Por exemplo: a empresa pode ter uma boa rentabilidade sobre o patrimônio líquido por estar alavancada, porém com baixa rentabilidade no RI. Significa que a ineficácia operacional pode ser causada pela alavancagem arriscada, o que serve de alerta para o investidor.

Destacamos que RI é um indicador econômico-financeiro fundamental, tanto para o gestor da empresa quanto para os acionistas.

Segundo Gitman (2010), esse índice é frequentemente chamado de retorno do investimento com sua sigla em inglês ROI (*return on investment*). Nesse caso, Gitman (2010) está fazendo a leitura de investimento como todas as aplicações em ativos. Outros autores utilizam a expressão ROI como um indicador que permite à empresa ou ao investidor saber qual o valor que ganhou efetuando um investimento em determinado ativo, como uma máquina ou a aquisição de uma subsidiária. O ROI pode ser, inclusive, projetado, mesmo antes da realização do investimento, para que o investidor possa avaliar e comparar com outros ativos mais seguros. Nesse caso, a fórmula será o lucro obtido no período com o investimento realizado dividido pelo valor do investimento × 100.

Indicadores de mercado: EBIT e EBITDA

LAJIR – Lucro antes dos juros e impostos ou EBIT – *Earnings before interest and taxes*

O EBIT é a sigla em inglês para *earnings before interest and taxes*. Significa lucro antes dos juros e tributos, que, em português, acabou gerando a sigla LAJIR. Na maioria dos relatórios publicados no Brasil, a sigla mais utilizada é o EBIT, segundo a Instrução nº 527 da Comissão de Valores Mobiliários (Brasil, 2020).

O EBIT demonstra o lucro exclusivamente da operação da empresa, sem incluir receitas ou despesas financeiras. Ele também é expresso em forma de um indicador quando comparado com a receita operacional líquida.

A importância desse indicador é avaliar a rentabilidade somente da operação, pois as empresas, além das receitas geradas pela venda dos produtos e serviços, também contam com as receitas das aplicações financeiras e despesas com juros de financiamentos, que não têm relação direta com a atividade que realizam, mas interferem no resultado apresentado de como são financiadas.

Assim, esse indicador demonstra somente o lucro gerado nas operações realizadas pela atividade-fim do negócio, independentemente de como são financiadas.

$$\text{EBIT} = \frac{\text{Resultado antes das receitas e despesas financeiras}}{\text{Receita operacional líquida}} \times 100$$

LAJIDA - Lucro antes dos juros, impostos, depreciação e amortização ou EBITDA - *Earnings before interest, taxes, depreciation and amortization*

Outro indicador derivado deste é o EBITDA – *Earnings before interest, taxes, depreciation and amortization* que, traduzindo para o português ficou LAJIDA, ou seja, lucro antes dos juros, impostos, depreciação e amortização, (CVM 2020). O objetivo deste indicador é também demonstrar o lucro operacional da organização. Só que no cálculo do EBITDA ficam de fora, além dos impostos e efeitos financeiros, as depreciações e amortizações que são contabilizadas como gastos do período, porém não afetam o caixa. Para calcular este indicador é necessário obter a informação do valor da depreciação e amortização incluídas como despesas operacionais. Os analistas interpretam o EBITDA como a geração de caixa a partir das atividades operacionais. O índice do EBITDA pode ser calculado pela fórmula:

$$\text{EBITDA} = \frac{\text{Resultado antes das despesas financeiras + depreciação + amortização + exaustão}}{\text{Receita operacional líquida}} \times 100$$

Esses dois indicadores, por não considerarem as despesas com impostos e os efeitos das receitas e despesas financeiras, ajudam a: analisar a eficiência e a capacidade produtiva da empresa, sem levar em consideração outros fatores que influenciam esses resultados; comparar o lucro e a eficiência de uma organização no Brasil com organizações de outros países; dimensionar a evolução da sua capacidade produtiva e eficiência operacional entre vários períodos da empresa (Brasil, 2020).

Indicadores de prazos médios

Os indicadores de prazos médios, também conhecidos como de atividade, indicam a quantidade de dias que algumas verbas demoram para girar durante o exercício. Eles revelam a política de compra, estocagem e venda adotada pela empresa. Assim, podemos avaliar a eficiência com que recursos como duplicatas a receber, estoque e fornecedores estão sendo administrados (Marion 2009).

Os indicadores são:

- PMC – prazo médio de compras;
- PME – prazo médio de estoque;
- PMR – prazo médio de recebimentos;
- CO – ciclo operacional;
- CF – ciclo financeiro.

Eles devem ser analisados sempre em conjunto e não individualmente. Neste livro, vamos analisar esses indicadores do ponto de vista do gestor que tem acesso a todas as informações e setores da empresa.

Prazo médio de compras (PMC)

O prazo médio de compras revela o tempo decorrido entre a compra das matérias-primas ou mercadorias e o pagamento aos fornecedores. Revela o poder de negociações com os fornecedores. Esse prazo pode ser calculado a partir das notas fiscais de compras e seus respectivos prazos de pagamento. Para exemplificar os prazos médios, vamos tomar o prazo médio de compras da Lela Dreams, que é 71 dias. Nesse caso, entre a compra e o pagamento ao fornecedor, a Lela Dreams obtém em média 71 dias. Esse indicador é interpretado como: quanto maior, melhor.

Prazo médio de estoque (PME)

O prazo médio de estoque revela o tempo decorrido entre a compra da matéria-prima ou mercadoria e a venda do produto. Esse prazo é facilmente obtido no controle de estoque da empresa.

No nosso exemplo, a Lela Dreams, avaliando seu controle de estoque, encontrou em média 85 dias. Este indicador é interpretado como: quanto menor, melhor.

Prazo médio de recebimentos (PMR)

O prazo médio de recebimento revela o tempo decorrido entre a venda das mercadorias e seu efetivo recebimento. Esse prazo é facilmente obtido por meio das notas fiscais emitidas no período.

No nosso exemplo, a Lela Dreams, de posse de todas as notas fiscais, encontrou um prazo médio de 26 dias. Este indicador é interpretado como: quanto menor, melhor.

Ciclo operacional (CO)

Indica o tempo decorrido entre a compra das matérias-primas ou mercadorias e o recebimento do dinheiro das vendas, ou seja, é todo o tempo decorrido entre a compra, estocagem, produção, venda e até a data do recebimento. A fórmula para calcular o ciclo operacional é:

$$CO = PME + PMR$$

No exemplo da Lela Dreams, temos: CO = 85 dias + 26 dias => 111 dias.

Graficamente, podemos representar conforme a figura 2.

Figura 2

Representação gráfica do ciclo operacional

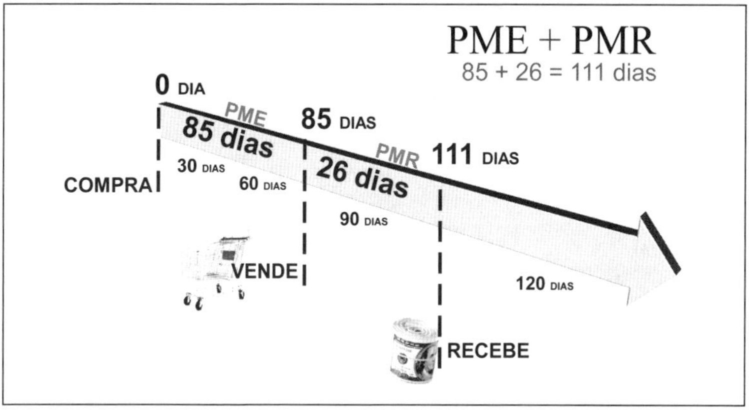

Este indicador é interpretado com: quanto menor, melhor.

Ciclo financeiro (CF)

É o tempo decorrido entre o instante do pagamento aos fornecedores pela matéria-prima ou mercadorias compradas e o recebimento pelas vendas realizadas. Pode ser calculado pelas fórmulas:

CF = PME + PMR - PMC

OU

CF = CO - PMC

No exemplo da Lela Dreams, temos: CF = 85 dias + 26 dias – 71 dias => 40 dias. Ou CF = 111 dias – 71 dias = 40 dias.

Este indicador é interpretado como: quanto menor, melhor.

Graficamente, podemos representar o ciclo financeiro conforme indicado na figura 3.

Figura 3
Representação gráfica do ciclo financeiro

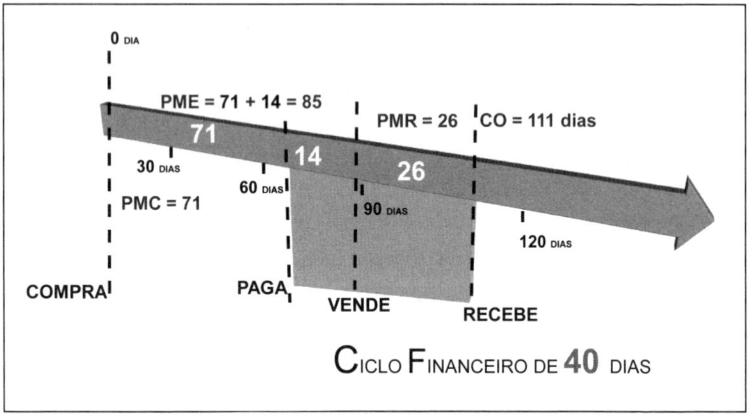

Quando esse indicador é maior que zero, significa que a empresa necessita de capital de giro para financiar sua operação. Esse financiamento pode ser com capital próprio ou capital de terceiros onerosos. Mas se esse indicador é negativo, significa que a empresa recebe pelas vendas realizadas antes de pagar aos fornecedores.

Assim, podemos, por meio do ciclo financeiro, avaliar a competência da administração das políticas de compra, estocagem e venda, revelando a boa gestão da empresa. Tais políticas devem ser administradas tanto no desenvolvimento de novos produtos quanto na gestão dos produtos existentes.

Neste capítulo, estudamos os fundamentos de finanças e contabilidade com o intuito de demonstrar como a administração financeira afeta os resultados da gestão empresarial a partir do entendimento dos demonstrativos contábeis. No próximo, vamos abordar alguns conceitos da matemática financeira, como juros simples, compostos, taxas de juros e fluxo de caixa de projetos.

2
Fundamentos de matemática financeira

Neste capítulo, serão apresentados os fundamentos da matemática financeira para proporcionar ao leitor os conhecimentos necessários para que seja calculado o valor do dinheiro no tempo. Para isso, serão apresentados os conceitos de custo de oportunidade, taxa mínima de atratividade, juros e das diferentes taxas de juros utilizadas no mundo das finanças. Ainda neste capítulo, serão demonstrados como operacionalizar a calculadora HP-12c e como calcular as variáveis financeiras no regime de juros simples e compostos, além da aplicabilidade dos cálculos no mercado financeiro.

Custo de oportunidade

O valor do dinheiro se modifica com o tempo por algumas razões, entre as quais temos a inflação, a taxa de juros, o risco de um investimento e o custo de oportunidade. Segundo Assaf Neto (2019), o custo de oportunidade é o resultado financeiro que se pode obter ao destinar o dinheiro para uma aplicação diferente do investimento que se está analisando. Veja o caso a seguir para compreender a existência do custo de oportunidade na prática:

> Ricardo e Gabriela realizaram um investimento um tempo atrás e podem escolher entre receber esse crédito hoje no valor de R$ 1.000,00 ou receber daqui a um ano o valor de R$ 1.200,00. Qual opção lhes seria mais vantajosa? Na verdade, a resposta certa é: depende. Entenda o porquê.
>
> Embora aguardar um ano e receber 20% a mais sobre o valor atual pareça uma oportunidade interessante, Ricardo está com um saldo devedor em sua conta corrente no valor R$ 1.000,00 e não possui expectativa de conseguir liquidar esse empréstimo nos próximos meses. Como as taxas de juros do uso do cheque especial são muito elevadas, facilmente esse saldo devedor de R$ 1.000,00 se tornará muito mais que R$ 1.200,00 em menos de três meses e, provavelmente, mais que dobrará em um ano. Nesse caso, será mais vantajoso para Ricardo receber os R$ 1.000,00 hoje e quitar seu débito. Já a Gabriela, sempre muito econômica e conservadora, possui todas as suas economias aplicadas em renda fixa e, caso recebesse os R$ 1.000,00 hoje, iria direcionar esse valor também para essa aplicação. Como as aplicações em renda fixa são investimentos de baixo risco e costumam gerar retornos menores, será mais vantajoso para a Gabriela deixar para receber o valor de R$ 1.200,00 daqui a um ano, afinal isso representa um ganho de 20% sobre os R$ 1.000,00.

A situação descrita mostra a existência de um custo de oportunidade diferente para Ricardo e Gabriela. Portanto, o custo de oportunidade dependerá do resultado financeiro que cada investidor poderá alcançar. Essa é a razão de um determinado investimento poder ser viável para um e inviável para outro, uma vez que eles podem possuir custos de oportunidade diferentes, cada um com a oportunidade de rentabilizar seu dinheiro a uma taxa de juros diferente. Esse conceito não deve ser confundido com taxa mínima de atratividade.

Taxa mínima de atratividade

Assaf Neto (2019) define taxa mínima de atratividade como a rentabilidade exigida por um investidor para que ele se disponha a realizar o investimento. Essa taxa dependerá do nível de risco de cada opção de investimento, sendo maior para a realização de investimentos mais arriscados e menor para aplicações mais conservadoras. Para apuração da taxa mínima de atratividade, são utilizadas metodologias de estimação do risco financeiro que, combinadas com a rentabilidade oferecida pelos ativos livres de risco, resultam no custo do capital para a realização de um determinado investimento. Portanto, a taxa mínima de atratividade dependerá do nível de risco do investimento e não de quanto o investidor poderá ganhar em uma aplicação alternativa, diferentemente do custo de oportunidade.

Juros

Os juros, segundo Assaf Neto (2019), podem representar o custo de oportunidade ou a taxa mínima de atratividade de um investimento; tudo dependerá do contexto. Para quem concede um empréstimo, pode representar a remuneração pelo capital emprestado, devendo essa rentabilidade ser igual ou superior à taxa mínima de atratividade da realização da operação; caso contrário, o banco não se sentiria atraído em realizar o empréstimo. Já para quem recebeu o empréstimo, os juros representam o custo pela utilização do dinheiro do banco. Nesse caso, o pagamento dos juros deverá trazer resultados positivos e cobrir o custo de oportunidade do devedor, pois a presunção é de que os benefícios de pagar os juros e utilizar o dinheiro do banco é melhor do que deixar de fazê-lo.

Conceito de juros e taxa de juros

Os juros são os valores pagos pelo direito de uso do dinheiro de outra pessoa. Por analogia, podemos comparar os juros aos valores pagos de aluguel pelo inquilino de um imóvel. Já a taxa de juros é a razão dos juros pelo valor emprestado por um determinado período e geralmente é expressa em percentual. Matematicamente temos a seguinte expressão:

$$i = \frac{J}{VP} \therefore \frac{R\$ \, 2{,}70}{R\$ \, 100{,}00} = 0{,}027 \; \textit{ou} \; 2{,}7\% \; \textit{no período}$$

onde:
i = taxa de juros equivalente ao período de utilização do capital;
J = juros, expressos em moeda, referentes ao período de utilização do capital;
VP = capital principal ou capital emprestado ou aplicado;
0,027 = taxa de juros de um período expresso na forma de taxa unitária;
2,7% = taxa de juros de um período expresso na forma de taxa percentual.

Taxa unitária

Taxas unitárias são as taxas expressas a cada unidade de capital e são normalmente utilizadas para a formação de índices de correção, fatores de capitalização ou modelos matemáticos. Exemplificando, temos:

- 0,027 é a representação da taxa de juros na forma unitária equivalente a 2,70%;
- 1,027 é a representação do fator de capitalização que, ao ser multiplicado pelo capital, corrige seu valor em 2,70%.

Taxa percentual

Taxa percentual são as taxas expressas a cada cento de capital. São normalmente utilizadas para demonstrar o custo do dinheiro em um determinado período, devendo, portanto, vir acompanhada do período ao qual ser refere, por exemplo: 2,70% ao mês. Nesse caso, ao multiplicar o capital por essa taxa, o valor encontrado representará os juros a serem capitalizados pelo direito de uso durante aquele período.

Juros simples

Juros simples são os juros calculados periodicamente com base apenas no capital principal, sem a adição de seu valor ao capital que será a base de cálculo dos juros do período seguinte. Veja o exemplo no quadro 18.

Quadro 18

Capitalização pelo regime de juros simples a uma taxa de 10% ao mês

Descrição	Data i	Mês 1	Mês 2	Mês 3
Capital principal	R$ 100	R$ 100	R$ 100	R$ 100
Total dos juros		R$ 10	R$ 10 R$ 10	R$ 10 R$ 10 R$ 10
Saldo capitalizado	R$ 100,00	R$ 110,00	R$ 120,00	R$ 130,00

No regime de capitalização simples, embora o saldo capitalizado seja maior a cada período, o valor dos juros sempre será igual em todos os períodos.

Juros compostos

Juros compostos são os juros calculados periodicamente com base no saldo acumulado, incluindo os juros até o período anterior. Veja o exemplo no quadro 19.

Quadro 19
Capitalização pelo regime de juros compostos
a uma taxa de 10% ao mês

Descrição	Data Inicial	Mês 1	Mês 2	Mês 3
Capital principal	R$ 100	R$ 100	R$ 100	R$ 100
Total dos juros		R$ 10	R$ 10 R$ 10 R$ 1	R$ 20 R$ 1 R$ 10 R$ 2 0,10
Saldo capitalizado	R$ 100,00	R$ 110,00	R$ 121,00	R$ 133,10

No regime de capitalização composta, os juros são calculados e incorporados ao valor que servirá de base para o cálculo dos juros do período subsequente.

Fator de capitalização simples

Fator de capitalização é um índice que, ao ser multiplicado pelo valor principal, resultará no saldo atualizado com os juros referentes ao prazo da operação financeira. O fator de capitalização simples é o índice que atualiza o saldo, considerando a capitalização dos juros simples. Para melhor ilustrar, considere o exemplo a seguir, em que são calculados os juros simples de um empréstimo de R$ 100,00, a uma taxa de 10% ao mês, por um período de três meses:

Juros simples = VP × i × n
Juros simples = R$ 100,00 × 0,10 × 3
Juros simples = R$ 30,00.
Logo:
Fator de capitalização simples = 1 + (i × n)
Fator de capitalização simples = 1 + (0,10 × 3)
Fator de capitalização simples = 1 + 0,30
Fator de capitalização simples = 1,30
onde:
i = taxa de juros equivalente a um período de utilização do capital;
n = quantidade de períodos referente ao prazo da operação;
VP = capital principal ou capital inicialmente emprestado ou aplicado.

Portanto, ao multiplicarmos o valor inicialmente emprestado pelo fator de capitalização simples, obteremos o valor capitalizado, incluindo os juros simples. Ou seja, considerando o exemplo acima, temos: R$ 100,00 × 1,30 = R$ 130,00 (saldo capitalizado com juros simples).

Fator de capitalização composto

O fator de capitalização composto é o índice que, ao ser multiplicado pelo valor inicial, irá corrigir seu saldo, considerando o regime de juros compostos, pelo prazo total de determinada operação financeira. Considerando os dados do exemplo anterior, porém com a aplicação dos juros compostos, temos:

$VF = VP \times (1 + i)^n$
$VF = R\$ 100,00 \times (1 + 0,10)^3$
VF = R$ 100,00 × 1,3310
VF = R$ 133,10.

Logo,
Fator de capitalização composto = $(1 + i)^n$
Fator de capitalização composto = $(1 + 0{,}10)^3$
Fator de capitalização composto = 1,3310
onde:
i = taxa de juros equivalente a um período de utilização do capital;
n = quantidade de períodos referentes ao prazo da operação;
VP = capital principal ou capital inicialmente emprestado ou aplicado;
VF = valor capitalizado incluindo os juros de todos os períodos da operação.

Portanto, para encontrar o valor capitalizado, incluindo os juros compostos, basta multiplicar o valor inicial pelo fator de capitalização composto. Nesse caso, o resultado será igual a R$ 133,10, pois R$ 100,00 multiplicado por 1,3310 resulta em R$ 133,10.

Prazos

O prazo é uma variável essencial para o cálculo dos juros ou da rentabilidade de um investimento. O prazo é a base utilizada para calcular a quantidade de períodos de capitalização de uma operação financeira. Segundo Assaf Neto (2019), quando as taxas de juros fazem referência a um mesmo período, fica fácil comparar duas ou mais alternativas de investimentos.

Ano civil e juros exatos

O prazo calculado pelo ano civil considera o ano com todos os 365 dias, ou 366, nos casos dos anos bissextos. Nesse caso, os juros serão calculados considerando o tempo exato de duração de uma operação financeira, diferentemente dos juros calculados quando o prazo considerado é calculado com base no ano comercial.

Ano comercial e juros comerciais

O prazo calculado pelo ano comercial estabelece que o ano será composto por 360 dias e todos os meses possuirão, igualmente, 30 dias.

Período de capitalização

Período de capitalização é a frequência em que os juros são incorporados ao valor principal, podendo fazer referência a um dia, mês, ano ou unidade de tempo pactuada entre as partes.

Capitalização contínua

Ocorre quando os juros são calculados, inclusive, considerando a parte fracionária do período de capitalização, sendo calculados proporcionalmente, diferentemente da capitalização descontínua.

Capitalização descontínua

Ocorre quando os juros são calculados apenas considerando os períodos completos, ou seja, se o prazo apresentar um período fracionário, os juros proporcionais a esse período serão desconsiderados. É o caso da capitalização em uma conta poupança. Caso o investidor decida resgatar o capital aplicado antes de completar um mês, sua remuneração será 0 (zero) naquele período fracionário. Por essa razão, sempre se recomenda verificar as datas-bases de capitalização antes de efetuar saques de uma conta poupança.

Operacionalização da calculadora financeira HP-12c

A calculadora financeira HP-12c é tradicionalmente utilizada no mercado financeiro há muitos anos, pois permite ao analista efetuar cálculos complexos de juros compostos com simplicidade e agilidade. Ela possui teclas financeiras programadas para calcular o valor das principais variáveis financeiras com apenas um toque, e isso gera um diferencial muito grande sobre as calculadoras comuns.

Saber operar a calculadora HP-12 é essencial em qualquer área de atuação, principalmente no mundo dos negócios.

Para usar a calculadora com facilidade, é necessário compreender alguns aspetos básicos de funcionamento, que veremos a seguir.

Método de cálculo RPN

A calculadora HP-12c realiza os cálculos utilizando o sistema "RPN", sigla em inglês que significa notação polonesa reversa. Embora esse sistema possa parecer complicado de início, seu uso traz algumas facilidades, por exemplo, a redução de passos para a realização de alguns cálculos. As comparações entre o método tradicional (algébrico) e o sistema "RPN" são mostradas a seguir.

Quadro 20
Comparativo dos sistemas de cálculos matemáticos entre algébrico e RPN

Operação matemática	Notação algébrica	Passos na HP-12c (Sistema RPN)
1 + 2	1 + 2 = 3	1 ENTER 2 + → 3,00
$\frac{1+2}{3}$	(1 + 2) ÷ 3 = 1	1 ENTER 2 + 3 ÷ → 1,00
$\frac{1 \times 2 - 3 \times 4}{5 \times 6}$	[(1 × 2) + (3 × 4)] ÷ (5 × 6) = 0,4667	1 ENTER 2 × 3 ENTER 4 × + 5 ENTER 6 × ÷ → 0,4667

Note que, no sistema de cálculo RPN, não é necessário pressionar a tecla com o sinal de "=". Inclusive, algumas versões da calculadora HP-12c nem trazem essa função.

Função primária e secundária das teclas da calculadora

Quase todas as teclas da calculadora HP-12c possuem mais de uma função; por essa razão é importante entender como acessar as funções secundárias de suas teclas. A função primária das teclas é aquela gravada na cor branca, já as funções secundárias são aquelas gravadas na cor laranja ou na cor azul. O diagrama a seguir ilustrará qual o procedimento a ser feito.

Figura 4
Funcionamento das funções secundárias
da calculadora HP-12c

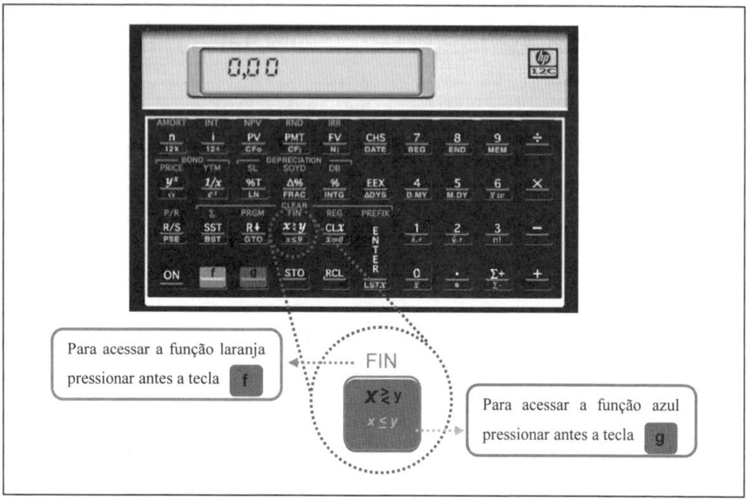

Observe, na figura 4, que não é necessário manter pressionada as teclas "f" ou "g" para acessar as funções secundárias; basta pressionar uma vez e, posteriormente, a função desejada. A calculadora executará a operação e voltará as teclas para a função primária novamente.

Configuração das casas decimais

Embora a calculadora HP-12c realize os cálculos considerando uma infinidade de casas decimais, ela possui a capacidade de mostrar no seu visor até 9 dígitos após a vírgula.

Para configurar a quantidade de dígitos que serão mostrados após a vírgula basta pressionar a tecla "f" e, na sequência, a quantidade de dígitos que deseja mostrar, de 0 até 9.

Configuração dos separadores de dígitos

A calculadora HP-12c vem configurada de fábrica para exibir os separadores decimais no padrão norte-americano. O padrão norte americano considera o ponto "." como separador decimal e a vírgula "," como separador dos milhares. Já no Brasil, o padrão utilizado é o mesmo que o europeu, a vírgula "," é usada como separador decimal e o ponto "." como separador dos milhares.

Para alternar entre os sistemas, basta desligar a calculadora e, na sequência, manter pressionada a tecla "." enquanto liga a calculadora novamente.

Para expressar o numeral mil, o padrão norte-americano mostrará "1,000.00" e o padrão europeu mostrará "1.000,00".

Essas configurações valem para a calculadora física, com o detalhe de algumas versões exigirem que, em vez de ficar segurando a tecla "." enquanto liga, ao ligar a calculadora as teclas "ON" e "." devem ser pressionadas exatamente no mesmo instante. Para configurações em emuladores virtuais da calculadora, devem ser verificadas as configurações de cada aplicativo.

Configuração do sistema de datas

Da mesma forma que com os separadores de dígitos, a calculadora HP-12c vem configurada de fábrica no padrão de datas norte-americano, que é "MÊS/DIA/ANO". Por exemplo, para expressar a data de 2 de setembro de 2018, a calculadora configurada no padrão norte-americano mostrará "9.022018". Já no Brasil, o padrão adotado para expressar datas é "DIA/MÊS/ANO" e, nesse caso, ao configurar a calculadora para este padrão, ela mostrará "2.092018" em seu visor.

Para configurar para o padrão utilizado no Brasil, basta pressionar a tecla "g" e, na sequência, a tecla "4". Note que aparecerá no visor da calculadora a sigla “D.MY”, indicando que a configuração foi realizada corretamente. Observe também que a função que está sendo utilizada é a função “azul” da tecla “4”. Para retornar a calculadora ao padrão norte-americano de datas, basta pressionar novamente a tecla “g” e, na sequência, a tecla “5”. Nesse caso, a sigla “D.MY”, que estava no visor, deverá desaparecer, indicando que a calculadora agora está configurada para o padrão norte-americano de datas.

Essa configuração “D.MY” pode permanecer durante todo o uso da calculadora sem problemas, pois não afetará cálculo algum; trata-se apenas de um sinalizador da configuração de datas.

Operações com datas

A calculadora HP-12c realiza a contagem dos dias entre duas datas e calcula uma data futura, ou passada, a partir de uma data específica, adicionando ou subtraindo um número de dias. A exemplificação a seguir considera que a calculadora está configurada para o padrão brasileiro de datas.

> Para calcular a quantidade de dias entre o dia 15/02/2016 e o dia 15/03/2016 basta seguir os seguintes passos:
>
> Considerando que a calculadora já esteja configurada para o padrão brasileiro de datas, para melhor visualização, configure a calculadora para apresentar "6" dígitos após a vírgula, pressionando a tecla "f" e, na sequência, a tecla "6". Agora é só digitar a primeira data e pressionar a tecla "ENTER", lembrando que entre o dia e o mês você deverá pressionar a tecla ".", mas entre o mês e o ano não. A sequência de teclas é a seguinte:
>
> 
>

Uma vez digitada a primeira data, podemos digitar a segunda data e utilizar a função "ΔDYS" para calcular a quantidade de dias entre elas. A sequência de teclas é a seguintes:

O resultado que aparecerá no visor será o número "29,000000", indicando que entre as referidas datas transcorreu o prazo de 29 dias. Note que o resultado apresenta a quantidade de dias exatos, inclusive considerando o efeito dos anos bissextos. Para saber a quantidade de dias a serem considerados se o prazo for calculado pelo ano comercial, basta pressionar a tecla . Nesse caso, aparecerá no visor o número 30,000000, indicando 30 dias.

Já para calcular a data, por exemplo, 30 dias após 15/02/2016, os passos são os seguintes:

Digite a data base e pressione "ENTER:

Na sequência, digite a quantidade de dias, no caso 30, e utilize a função "DATE":

Aparecerá no visor a data de "16.03.2016" e, no canto direito, o número "3". Esse número faz referência ao dia da semana: "1" para segunda-feira; "2" para terça-feira e assim sucessivamente até chegar ao "7", que significa domingo.

A calculadora somente irá considerar que o número digitado é uma data se for utilizada alguma das duas funções de datas; caso contrário, entenderá que é um número com seis casas decimais qualquer.

Função da tecla "CHS"

A tecla "CHS" serve para converter um valor mostrado no visor de positivo em negativo ou de negativo para positivo. Para isso, basta pressionar a tecla após o visor mostrar um número digitado ou resultante de alguma operação realizada.

Função da tecla "CLX"

A tecla "CLX", ao ser pressionada, substituirá o valor no visor pelo numeral "0" (zero), ou seja, apagará o número mostrado no visor. Já para apagar todas as memórias e variáveis armazenadas na calculadora de uma só vez, o correto é pressionar antes a tecla "f" e, na sequência, a tecla "CLX".

Neste caso, a função que se está acionando é a função "laranja", que apaga todos os registros e que está indicada logo acima da tecla.

Função da tecla "y^X"

A tecla "y^X" é usada para elevar um número, guardado na memória "y", a uma potência "x". Essa função é muito utilizada para calcular as taxas de juros compostos equivalentes, expressas em diferentes unidades de tempo (períodos) a partir do fator de capitalização.

Para exemplificar, considere calcular o fator de capitalização composto, para corrigir qualquer valor, considerando uma taxa de 10% ao mês, por um período de três meses. A sequência de teclas na calculadora é a seguinte:

Note, que o fator de capitalização resultou em 1,3310, ou seja, o valor atualizado após três meses, incluindo os juros referentes ao período calculado, será de 1,3310 vezes o valor inicial.

Operação de desconto bancário de títulos

As operações de descontos bancários de títulos são operações muito utilizadas pelas empresas para cobrir seus desencaixes eventualmente detectados no dia a dia dos fluxos de caixa. Segundo Assaf Neto (2019), essa operação de antecipação de recursos também é conhecida como "operação de desconto comercial por fora", uma vez que os juros, nesse caso, também chamado de desconto, são calculados com base no valor futuro do título. Os juros ou "desconto" são calculados a partir da aplicação de uma taxa de juros simples (i) sobre o valor de face do título com vencimento futuro (VF), multiplicando seu valor encontrado pela quantidade de períodos que expressa o prazo em que se deseja antecipar o recebimento (n). O banco, por exemplo, descontará do valor de face o desconto calculado e disponibilizará seu valor líquido, já descontado, na data presente.

Na operação de desconto bancário, além do custo referente à taxa de juros, é comum que sejam cobradas tarifas, expressas em reais (R$) ou percentual (%), para se realizar a operação. Veja o caso prático a seguir:

Uma empresa possui um recebível no valor de R$ 1.000,00 com data de vencimento para 45 dias, ou seja, 1,5 ao mês. Em consulta ao banco, ele informou que a taxa de desconto para a operação de adiantamento de recebíveis é de 3,5% ao mês e mais uma tarifa de R$ 5,70 por título antecipado. Os cálculos são os seguintes:

- Juros da operação ou desconto (D) = (VF × i × n) + tarifa
- Juros da operação ou desconto (D) = (R$ 1.000,00 × 0,035 × 1,5) + R$ 5,70
- Juros da operação ou desconto (D) = R$ 52,50 + R$ 5,70
- Juros da operação ou desconto (D) = R$ 58,20.

Logo, na data presente, o valor líquido do título após o desconto será de:

- Valor líquido ou descontado (VP) = (VF – D)
- Valor líquido ou descontado (VP) = (R$ 1.000,00 – R$ 58,20)
- Valor líquido ou descontado (VP) = R$ 941,80

Na calculadora HP-12c temos a sequência dos seguintes passos:

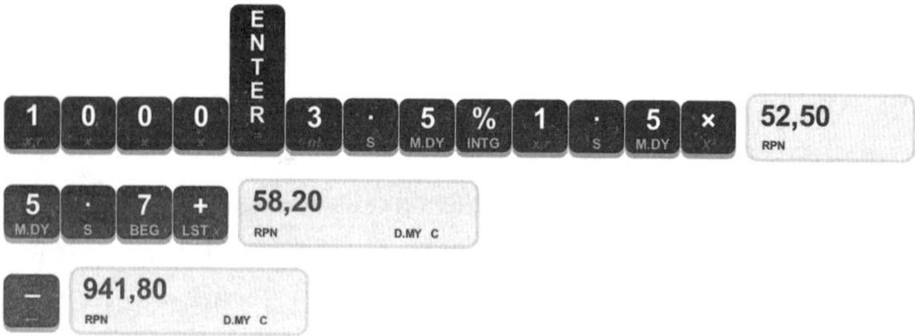

É importante entender que a taxa de desconto bancário ou desconto comercial simples, "por fora" não expressa o custo efetivo da operação, mas sim uma referência para o cálculo dos juros. Como a taxa é aplicada sobre o valor de face do título com vencimento futuro, a base para o cálculo dos juros não é o valor que efetivamente teria líquido no presente. Nesse sentido, é importante saber calcular o custo efetivo das operações de desconto bancário de título para melhor comparar as alternativas de captação de recursos possíveis. A seguir, será apresentado como calcular o custo efetivo dessas operações de desconto.

Custo efetivo total da operação de desconto bancário de títulos no regime de juros simples

O custo efetivo total da operação de desconto bancário de títulos é a taxa que considera todos os custos envolvidos na operação e faz referência sempre ao capital líquido que foi recebido. Segundo Assaf Neto (2019), esse efeito admite a existência de uma taxa implícita superior àquela declarada para a operação.

Considerando o exemplo descrito anteriormente, temos que um título com o valor de face de R$ 1.000,00 com vencimento para 45 dias resultou em um valor líquido de R$ 941,80, após serem descontados todos os custos da operação, sendo a taxa de desconto de 3,5% ao mês e mais uma tarifa de R$ 5,70 por título. Logo, o custo total ficou em R$ 58,20 = (R$ 1.000,00 – R$ 941,80). Como o valor de R$ 58,20 é o custo para adiantar o recurso em 45 dias, ao dividir seu valor por 1,5 ao mês, resulta em R$ 38,80 como o custo equivalente a um mês. Portanto, considerando o regime de juros simples, a taxa efetiva de juros da operação resulta em 4,1198% ao mês, ou seja, R$ 38,80 ÷ R$ 941,80 = 0,041198 ou 4,1198%. Note que, no referido exemplo, a taxa de desconto aplicada sobre o título foi de 3,5% ao mês e que o custo calculado gerou uma taxa de 4,1198%, que é 17,70% maior do que o valor expresso na taxa de desconto. A falta de compreensão desses custos pode resultar em decisões equivocadas.

Sistema de cálculo dos juros de conta-corrente

O sistema de cálculo dos juros pela utilização do cheque especial de uma conta-corrente, também conhecido como método "hamburguês", considera o regime de juros simples. Esse sistema consiste em aplicar a taxa de juros mensal, ponderadamente pela quantidade de dias em que o saldo permaneceu negativo, sobre seu respectivo valor. Normalmente, a taxa de juros pactuada faz referência a um mês de utilização e para encontrar sua equivalência ao dia basta dividir por 30, independentemente do mês de utilização. Essa taxa diária é aplicada pelo saldo devedor e multiplicada pela quantidade de dias de utilização. Note, que se o saldo permanecer negativo durante um mês que tenha 31 dias, a taxa mensal será dividida por 30, mas aplicada por 31 dias, da mesma forma que será multiplicada por 28, se o mês de utilização for fevereiro, ou 29, se o ano for bissexto.

A exemplificação é apresentada no quadro 21 a seguir, considerando a taxa de 8,40% ao mês, sendo 0,28% sua equivalência ao dia.

Quadro 21
Demonstração do cálculo de juros de conta-corrente (método hamburguês)

Movimento da conta-corrente				Sistema de cálculo para a apuração dos juros		
Data	**Crédito**	**Débito**	**Saldo**	**Utilização**	**Cálculo realizado**	**Juros**
31/07/2020			1.000,00	-	-	-
01/08/2020		1.500,00	- 500,00	9 dias	500,00 × 9 × 0,0028 =	R$ 12,60
10/08/2020	1.800,00		1.300,00	-	-	-
15/08/2020		2.000,00	- 700,00	5 dias	700,00 × 5 × 0,0028 =	R$ 9,80
20/08/2020	2.200,00		1.500,00	-	-	-
29/08/2020		1.700,00	- 200,00	2 dias	200,00 × 2 × 0,0028 =	R$ 1,12
31/08/2020			- 200,00	1 dia*	200,00 × 1 × 0,0028 =	R$ 0,56
					Total dos juros calculados	**R$ 24,08**

* Último dia do mês, mostrando inclusive a cobrança do 31º dia.

Outra consideração importante é que, embora os juros sejam calculados pelo regime de juros simples, nos primeiros dias do mês subsequente os juros calculados serão debitados na conta-corrente e irão compor a nova base de cálculo dos juros. Dessa forma, caso o titular da conta não cubra o saldo negativo, os juros irão se comportar como se fossem calculados pelo regime de juros compostos, uma vez que são incorporados ao saldo a cada mês.

Para melhor compreensão considere o seguinte: no exemplo acima, o último dia do mês de agosto encerrou com o saldo negativo em R$ 200,00. Caso o titular da conta não efetue nenhum saque ou depósito no mês subsequente, qual o valor dos juros referente ao mês de setembro de 2020? É fácil de entender que, como não houve movimentação por parte do titular, o saldo devedor a ser considerado é de R$ 200,00; logo os juros resultariam em R$ 16,80, pois R$ 200,00 × 30 dias × 0,28% ao dia = R$ 16,80. Equívoco! Observe que ainda deverão ser debitados na conta-corrente o valor dos juros referente ao mês de agosto, isso resultará em um saldo devedor de R$ 224,08, sendo que R$ 200,00 se referem ao saldo devedor do último dia do mês, R$ 24,08 referentes aos juros do mês de agosto. Portanto, os juros pela utilização do saldo devedor referentes ao mês de setembro de 2020 resultarão em R$ 18,82, pois R$ 224,08 × 30 dias × 0,28% ao dia = R$ 18,82.

Cálculo das variáveis financeiras no regime de juros compostos

Os juros compostos são os juros calculados a cada período de capitalização e incorporados ao valor principal, de forma que sirvam de base para o cálculo dos juros do período subsequente. Por essa razão, também são conhecidos pela expressão "juros sobre juros".

A HP-12c permite calcular as variáveis financeiras no regime de capitalização composta com muita praticidade e agilidade, bastando, para tanto, o usuário compreender o significado de cada variável e identificá-la dentro de um fluxo de caixa. A leitura deve ser a seguinte:

Para a calculadora HP-12c, os fluxos de caixa são as movimentações financeiras resultantes, período após período, de um ativo que se pretende analisar. As variáveis financeiras de um fluxo de caixa na HP-12c são:

- número de períodos, representado pela letra "n" e na HP-12c pela tecla [n 12×];
- taxa de juros expressa em %, representada pela letra "i" e na HP-12c pela tecla [i 12÷];
- valor presente ou inicial, representado pela sigla "PV" e na HP-12c pela tecla [PV CFo];
- valor das parcelas, representado pela sigla "PMT" e na HP-12c pela tecla [PMT CFj];
- valor futuro ou saldo, representado pela sigla "FV" e na HP-12c pela tecla [FV Nj];

Figura 5
Visão gráfica dos fluxos de caixa com as variáveis financeiras

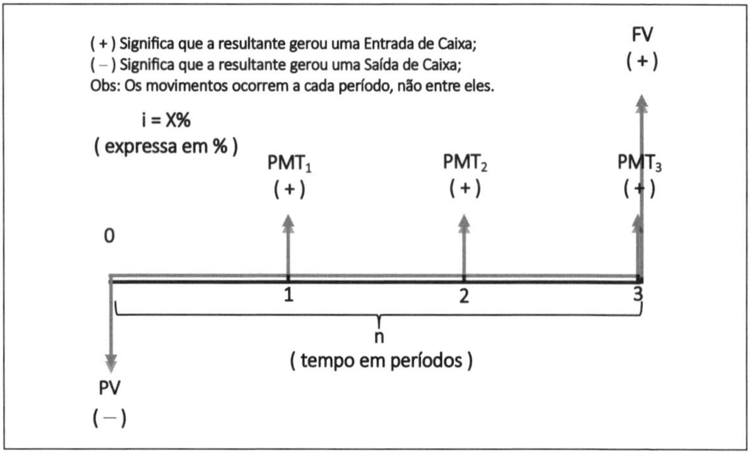

O fluxo de caixa demostrado na figura 5 é apenas um padrão para facilitar o a compreensão do significado das variáveis, contudo variações podem ocorrer. Por exemplo, a variável "PMT" pode também significar uma saída de recurso e vir com o sinal negativo. Algumas variações serão exemplificadas na sequência.

Cálculo do valor presente (VP)

O cálculo de qualquer variável financeira resulta da identificação de um contexto. O valor presente ou valor inicial representa qual o valor equivalente, no momento 0 (zero), de um ou mais valores no futuro. São diversas as formulações utilizadas, uma para cada caso, por exemplo: calcular o valor presente a partir de parcelas mensais, calcular o valor presente a partir de um valor no futuro, calcular o valor presente a partir de parcelas mensais e um valor futuro. Inclusive, as parcelas podem significar entradas e o valor futuro uma saída ao final do último período.

Porém, com o uso da calculadora HP-12c, o cálculo de qualquer variável se torna muito prático. Veja o exemplo a seguir:

Considerando o regime de capitalização composta com uma taxa de 2,5% ao mês, qual o valor financiado (valor presente) que foi capaz de gerar 12 prestações mensais e sucessivas no valor de R$ 385,13 cada? A resposta é R$ 3.950,57.

Seguem as resoluções pelo método algébrico e, na sequência, com o uso da HP-12c:

Algebricamente, temos:

$$\boxed{PV = PMT \times \frac{(1+i)^n - 1}{(1+i)^n \times i}}$$

$$PV = 385{,}13 \times \frac{(1+0{,}025)^{12} - 1}{(1+0{,}025)^{12} \times 0{,}025}$$

$$PV = 385{,}13 \times \frac{1{,}34488882 - 1}{1{,}34488882 \times 0{,}025}$$

$$PV = 385{,}13 \times \frac{0{,}34488882}{0{,}03362222}$$

$$PV = 385{,}13 \times 10{,}25776466$$

$$PV = 3.950{,}57$$

Com o uso da calculadora HP-12c, temos:

← É sempre recomendável limpar as memórias antes de iniciar um novo cálculo.

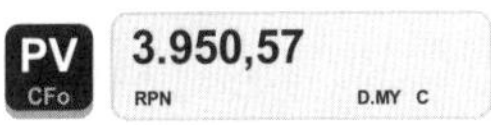

Observe que a solução com o uso da HP-12c é muito prática: basta digitar cada variável conhecida em seu lugar específico na calculadora, independentemente da ordem, e deixar para pressionar por último a variável que se deseja calcular. Veja outro exemplo:

Considerando o regime de capitalização composta com uma taxa de 1,54% ao mês, qual o valor financiado (valor presente) que foi capaz de gerar 10 prestações mensais e sucessivas no valor de R$ 250,00 cada e, juntamente com a última parcela, um reforço de R$ 3.000,00? A resposta é R$ 4.875,50.

Seguem as resoluções pelo método algébrico e, na sequência, com o uso da HP-12c:

Algebricamente, temos:

$$PV_{Total} = PV_1 + PV_2 \quad \rightarrow \quad \boxed{PV = PMT \times \frac{(1+i)^n - 1}{(1+i)^n \times i}} \quad e \quad \boxed{PV = \frac{FV}{(1+i)^n}}$$

$$PV_1 = 250{,}00 \times \frac{(1+0{,}0154)^{10} - 1}{(1+0{,}0154)^{10} \times 0{,}0154} \quad + \quad PV_2 = \frac{3.000{,}00}{(1+0{,}0154)^{10}}$$

$$PV_1 = 250{,}00 \times \frac{1{,}16512250 - 1}{1{,}16512250 \times 0{,}0154} \quad + \quad PV_2 = \frac{3.000{,}00}{1{,}16512250}$$

$$PV_1 = 250{,}00 \times \frac{0{,}16512250}{0{,}01794289} \quad + \quad PV_2 = 2.574{,}84$$

$$PV_1 = 250{,}00 \times 9{,}20267025 \quad + \quad PV_2 = 2.574{,}84$$

$$PV_1 = 2.300{,}66 \quad + \quad PV_2 = 2.574{,}84$$

$$PV_{Total} = 4.875{,}50$$

Com o uso da calculadora HP-12c, temos:

← É sempre recomendável limpar as memórias antes de iniciar um novo cálculo.

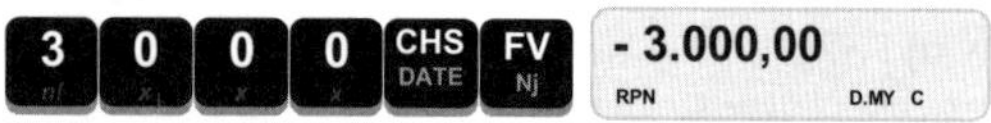

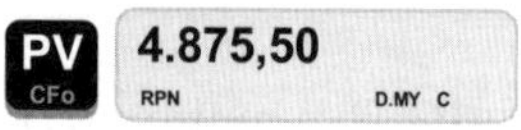

← Valor positivo por se tratar de uma entrada (empréstimo tomado).

Observe que tanto ao digitar o valor da variável "PMT" quanto o da variável "FV", para tornar os valores negativos, foi utilizada a tecla "CHS". A compreensão desse detalhe é altamente importante para a devida operacionalização e interpretação dos resultados fornecidos pela calculadora. Observe ainda que no exemplo em questão a pergunta foi de "qual o valor financiado?"; logo, esse valor significa uma entrada. Para tanto, as prestações e reforços geraram saídas no caixa e, portanto, devem ser consideradas com o valor negativo. Por isso o resultado apresentado foi um número positivo.

No exemplo, caso o usuário não forneça os valores negativos para a "PMT" e para o "FV", a calculadora identificará que se trata de entradas no caixa; logo, a resposta apresentará o valor negativo, evidenciando que para receber as prestações e valor futuro é necessário desembolsar o valor no início. A interpretação, nesse caso, não fica tão comprometida, pois apenas apresentará a conta matemática pela ótica de quem está concedendo o financiamento. Porém existem casos em que a falta de compreensão do que foi exposto pode gerar resultados muito equivocados.

Observe o exemplo a seguir:

Considerando o regime de capitalização composta com uma taxa de rendimento de 1,54% ao mês, qual o valor que um investidor deveria aplicar hoje (valor presente) para **acumular** um valor de R$ 3.000,00 ao final de 10 meses, sabendo que ele realizará 10 **aportes** mensais e sucessivos de R$ 250,00 cada? A resposta é R$ 274,17.

Os passos para a resolução com o uso da HP-12c são:

← É sempre recomendável limpar as memórias antes de iniciar um novo cálculo.

← Valor negativo por se tratar de aplicações.

← Valor positivo por se tratar de um resgate.

← Valor negativo por se tratar de uma saída (aplicação inicial).

Note que apenas foi alterado o sinal de uma variável e o resultado calculado gerou uma resposta totalmente diferente da do exemplo anterior.

Cálculo do valor das prestações (PMT)

O cálculo do valor das prestações de um empréstimo ou financiamento é um cálculo habitual nas operações de crédito. Representa uma série de pagamentos iguais e sucessivos que, considerando o custo financeiro pactuado, equivalem a um valor no início da operação, ou, no caso de aplicações para acúmulo de capital, a um valor de resgate no futuro. Para ilustrar, segue o exemplo:

Considerando o regime de capitalização composta com uma taxa de 2,5% ao mês, qual o valor das prestações mensais e sucessivas que possuem capacidade de amortizar um empréstimo no valor de R$ 3.950,57 em 12 prestações? A resposta é R$ 385,13.

Seguem as resoluções pelo método algébrico e, na sequência, com o uso da HP-12c:

Algebricamente, temos:

$$PMT = PV \times \frac{(1+i)^n \times i}{(1+i)^n - 1}$$

$$PMT = 3.950{,}57 \times \frac{(1+0{,}025)^{12} \times 0{,}025}{(1+0{,}025)^{12} - 1}$$

$$PMT = 3.950{,}57 \times \frac{1{,}34488882 \times 0{,}025}{1{,}34488882 - 1}$$

$$PMT = 3.950{,}57 \times \frac{0{,}03362222}{0{,}34488882}$$

$$PMT = 3.950{,}57 \times 0{,}09748713$$

$$PMT = 385{,}13$$

Com o uso da calculadora HP-12c, temos:

← É sempre recomendável limpar as memórias antes de iniciar um novo cálculo.

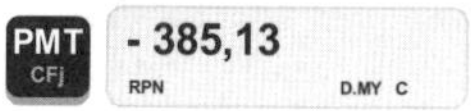

O valor encontrado pela calculadora resultou em um valor negativo, indicando que para pagar uma dívida de R$ 3.950,57 deverá ser desembolsado mensalmente o valor de R$ 385,13.

A seguir outro exemplo, mas agora para calcular o valor das aplicações periódicas (aportes necessários) capazes de acumular um valor desejado no futuro.

Considerando o regime de capitalização composta com uma taxa de rendimento de 0,55% ao mês e a intenção do investidor de acumular um valor de R$ 3.000,00 ao final de um ano, qual o valor das 12 aplicações mensais e sucessivas que deverá realizar? A resposta é R$ 242,53.

Seguem as resoluções pelo método algébrico e, na sequência, com o uso da HP-12c.

Algebricamente, temos:

$$\boxed{PMT = FV \times \frac{i}{(1+i)^n - 1}}$$

$$PMT = 3.000,00 \times \frac{0,0055}{(1+0,0055)^{12} - 1}$$

$$PMT = 3.000,00 \times \frac{0,0055}{1,06803356 - 1}$$

$$PMT = 3.000,00 \times \frac{0,0055}{0,06803356}$$

$$PMT = 3.000,00 \times 0,08084245$$

$$PMT = 242,53$$

> Com o uso da calculadora HP-12c, temos:
>
> [f] [CLX] ← É sempre recomendável limpar as memórias antes de iniciar um novo cálculo.
>
> [3] [0] [0] [0] [FV] — 3.000,00 ← Valor positivo por se tratar de um acúmulo.
>
> [0] [·] [5] [5] [i] — 0,55
>
> [1] [2] [n] — 12,00
>
> [PMT] — - 242,53 ← Resultado negativo evidenciando que se trata de desembolsos.

A calculadora HP-12c proporciona dinamismo nos cálculos, pois, como pode ser verificado nos exemplos apresentados, algebricamente existem fórmulas para cada caso, e, na calculadora, o padrão é o mesmo, devendo-se atentar apenas ao sinal e ao significado dos valores lançados nas teclas.

Cálculo do valor futuro (VF)

O valor futuro corresponde normalmente ao valor acumulado de uma série de aplicações ou o valor (montante) já com os juros incorporados após a tomada de um empréstimo sem que existam amortizações periódicas. Esse princípio é muito utilizado nos planejamentos previdenciários. Veja o exemplo a seguir.

> Considerando o regime de capitalização composta com uma taxa de rendimento de 0,55% ao mês em que a disponibilidade do investidor é de, durante os próximos 20 anos, efetuar 240 aplicações mensais e sucessivas de R$ 350,00, qual o valor que deverá ter acumulado ao final do último período? A resposta é R$ 173.721,34. Observe que, embora o prazo seja de 20 anos, as aplicações serão mensais; logo a capitalização deverá ser mensal e, portanto, a variável "n" deverá receber a quantidade de períodos em meses, no caso 240, pois são 240 meses no prazo de 20 anos.

Seguem as resoluções pelo método algébrico e, na sequência, com o uso da HP-12c:

Algebricamente, temos:

$$FV = PMT \times \frac{(1+i)^n - 1}{i}$$

$$FV = 350{,}00 \times \frac{(1+0{,}0055)^{240} - 1}{0{,}0055}$$

$$FV = 350{,}00 \times \frac{3{,}72990683 - 1}{0{,}0055}$$

$$FV = 350{,}00 \times \frac{2{,}72990683}{0{,}0055}$$

$$FV = 350{,}00 \times 496{,}3466967$$

$$FV = 173.721{,}34$$

Com o uso da calculadora HP-12c, temos:

← É sempre recomendável limpar as memórias antes de iniciar um novo cálculo.

← Valor negativo por se tratar de aplicações.

← Resultado positivo evidenciando ser um valor disponível para resgate.

A seguir, outro exemplo, porém com apenas uma aplicação no início.

Pensando em formar patrimônio para sua aposentadoria, um investidor dispõe de R$ 43.000,00 para aplicar hoje em títulos do tesouro direto e só resgatará o capital no vencimento, que ocorrerá daqui a 27 anos. Sabendo que se trata de um título sem pagamentos de juros periódicos e que a taxa pactuada é de 9,58% ao ano, qual será o valor bruto estimado que o investidor irá resgatar no vencimento? A resposta é R$ 508.409,26.

Seguem as resoluções pelo método algébrico e, na sequência, com o uso da HP-12c:

Algebricamente, temos:

$$\boxed{FV = PV \times (1 + i)^n}$$

$$FV = 43.000{,}00 \times (1 + 0{,}0958)^{27}$$

$$FV = 43.000{,}00 \times 1{,}0958^{27}$$

$$FV = 43.000{,}00 \times 11{,}82347111$$

$$FV = 508.409{,}26$$

Com o uso da calculadora HP-12c, temos:

← É sempre recomendável limpar as memórias antes de iniciar um novo cálculo.

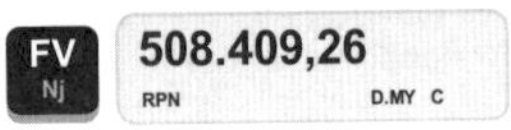

← Resultado positivo evidenciando ser um valor disponível para resgate.

Neste último exemplo, como não há aplicações ou resgates periódicos, a taxa sendo expressa em anos, o valor de "n" também poderá ser lançado em anos.

Cálculo da taxa de juros efetiva (i)

A taxa efetiva de juros é aquela que expressa linearmente a taxa média representativa de todos os custos envolvidos na operação, incluindo, por exemplo, tarifas, taxas, comissões e seguros. O exemplo a seguir ilustra o conceito.

Pensando em aproveitar a promoção de "taxa zero" de uma concessionária de veículos, um possível cliente está analisando a oferta que aparece em uma publicação oficial da loja: "Adquira seu veículo ZERO KM no valor de R$ 48.750,00, dando de entrada R$ 29.250,00 e financiando* o restante com taxa zero de juros em 12 prestações". A propaganda trazia, logo abaixo, a seguinte observação: "*Sujeito a aprovação do crédito. Serão cobrados R$ 1.500,00 referentes a tarifa de aprovação do crédito e impostos diluídos nas parcelas". Nesse contexto, pergunta-se: qual a taxa de juros que representa o custo médio efetivo da operação de financiamento? A resposta é 1,159% ao mês.

Como o valor total do veículo é de R$ 48.750,00 e a entrada é de R$ 29.250,00, resulta em uma diferença de R$ 19.500,00 a ser financiada. E, considerando que são cobrados outros custos no valor de R$ 1.500,00 em razão do crédito concedido, o valor total financiado passa a ser de R$ 21.000,00, ou seja, R$ 19.500,00 + R$ 1.500,00 = R$ 21.000,00.

Considerando ainda que o valor deve ser dividido em 12 prestações iguais e sucessivas sem a incidência de juros, basta dividir o valor por 12 para encontrar o valor da prestação. Esse cálculo resulta em R$ 1.750,00, pois R$ 21.000,00 ÷ 12 = R$ 1.750,00. Agora é só lançar as variáveis na HP-12c e apurar a taxa que representará o custo efetivo da operação. Veja como é simples:

← É sempre recomendável limpar as memórias antes de iniciar um novo cálculo.

← Valor financiado sem as taxas.

← Valor das parcelas já com as taxas.

← Quantidade de prestações.

← Taxa ao mês equivalente, incluindo todos os custos da operação.

É importante perceber que mesmo sendo mencionado que a taxa de juros de financiamento é "zero", a existência de outros custos acessórios à operação de crédito influencia no custo global da operação, e a falta da compreensão desse tema pode conduzir a uma tomada de decisão equivocada.

Cálculo da quantidade de períodos (n)

O cálculo da quantidade de períodos é muito utilizado para a estimação do prazo ideal de amortização de uma operação de financiamento mediante a capacidade de pagamentos periódicos de um fluxo de caixa. Veja o exemplo:

Determinado projeto de investimento exige a captação de R$ 100.000,00 em financiamentos. Considerando que a capacidade do projeto em devolver o capital financiado é de prestações que não ultrapassem o valor de R$ 3.500,00 mensalmente, pergunta-se: Se o custo efetivo da operação de crédito se traduz em uma taxa de juros igual a 1,3068% ao mês, independentemente do prazo, qual o prazo ideal para a amortização do empréstimo? A resposta é 36 meses. A resolução com a HP-12c é apresentada a seguir:

← É sempre recomendável limpar as memórias antes de iniciar um novo cálculo.

← Valor máximo das parcelas.

← Quantidade de prestações necessárias.

É importante mencionar que o resultado da variável "n" na calculadora física sempre mostrará um valor inteiro, indicando que será necessário o encerramento do período mencionado para que os juros sejam capitalizados.

Cálculo do valor das prestações com carência para o primeiro pagamento

O cálculo do valor das prestações com carência para o primeiro pagamento ocorre quando são convencionados prazos superiores a um período para o início da amortização do valor emprestado. Normalmente, são duas as situações possíveis para o cálculo: incorporar os juros durante o período de carência para posteriormente parcelar a dívida atualizada ou pagar apenas o valor equivalente aos juros do período, a cada período, para evitar que a dívida aumente até o início do pagamento das prestações. No primeiro caso, as parcelas resultarão maiores, pois irão incorporar os juros do período de carência; já no segundo caso, o valor da parcela será mantido, uma vez que a dívida não aumentará em razão do pagamento dos juros em cada período. Para ilustrar o primeiro caso considere o exemplo a seguir:

Calcule o valor das prestações, com a taxa de 2% ao mês, capazes de quitar um financiamento no valor de R$ 10.000,00 em 36 prestações mensais, iguais e sucessivas, sendo que a primeira parcela acontecerá ao final do terceiro mês. A resposta é R$ 408,18.

Como, normalmente, ao calcular o valor de uma prestação, o valor calculado já considera que o primeiro pagamento acontecerá ao final do primeiro período, para calcular o valor da prestação, considerando que o primeiro pagamento acontecerá ao final do terceiro período, bastará atualizar o valor da parcela por mais dois períodos. Da mesma forma que se o primeiro pagamento ocorresse ao final do sexto mês, bastaria atualizar por apenas mais cinco. Os passos para calcular o valor da prestação na calculadora HP-12c são os seguintes:

[f] [CLX] ← É sempre recomendável limpar as memórias antes de iniciar um novo cálculo.

[1] [0] [0] [0] [0] [PV] → 10.000,00

[3] [6] [n] → 36,00

[2] [i] → 2,00

[PMT] → - 392,33 ← Valor da prestação (ao final do primeiro período).

Agora, basta atualizar o valor da prestação encontrado por mais dois períodos, uma vez que se pede calcular a prestação ao final do terceiro período.

f CLX ← É sempre recomendável limpar as memórias antes de iniciar um novo cálculo.

3 9 2 . 3 3 PV — 392,33 ← Prestação ao final de 1 período.

2 i — 2,00 ← Taxa de juros utilizada para calcular as prestações.

2 n — 2,00 ← 2 para corrigir as prestações por mais dois períodos.

FV — - 408,18 ← Valor das prestações corrigidas após dois períodos (ao final do terceiro período).

Observe que o princípio utilizado para o cálculo da prestação com carência é o mesmo da correção do valor do dinheiro no tempo a uma determinada taxa e um prazo específico. Naturalmente, quando não ocorrer o pagamento dos juros durante o período de carência, os valores das prestações com carência (R$ 408,18) serão maiores do que os valores das prestações com o primeiro pagamento no final do primeiro período (R$ 392,33 em razão da incorporação dos juros do período de carência no valor da dívida a ser parcelada).

Outra forma de calcular a prestação considerando o período de carência é capitalizar o valor total financiado durante o período em que não há pagamentos e calcular as prestações partindo da dívida capitalizada. Os passos na calculadora HP-12c são os seguintes:

f CLX ← É sempre recomendável limpar as memórias antes de iniciar um novo cálculo.

1 0 0 0 0 PV — 10.000,00 ← Valor financiado no momento 0 (zero).

2 i — 2,00 ← Taxa de juros utilizada para calcular as prestações.

2 n — 2,00 ← 2 para incorporar os juros de dois períodos no financiamento.

FV — - 10.404,00 ← Valor da dívida corrigido com a incorporação dos juros de dois períodos.

Agora, basta partir do valor da dívida corrigido e calcular normalmente as prestações:

← É sempre recomendável limpar as memórias antes de iniciar um novo cálculo.

← Novo valor financiado, já corrigido.

← Número de prestações para quitar o financiamento.

← Taxa de juros pactuada.

← Valor das prestações considerando o novo valor financiado.

Observe que no caso, que independe da forma, calcular o valor das prestações com carência consiste basicamente em incorporar o valor dos juros durante o período de carência na dívida e posteriormente parcelar o valor atualizado.

Também pode acontecer de ser convencionado que os juros durante o período de carência serão pagos periodicamente para evitar que a dívida aumente. Nesse caso, o valor inicial das prestações será mantido. Para melhor ilustrar essa situação, os juros periódicos serão calculados a seguir com base no mesmo exemplo mostrado anteriormente.

Como o valor a ser parcelado é de R$ 10.000,00 e a taxa de juros é de 2% ao mês, o valor dos juros a serem pagos a cada mês, enquanto durar o período de carência, será de R$ 200,00, pois R$ 10.000,00 × 2% é igual a R$ 200,00.

Portanto, considerando os dados do exemplo anterior e o pagamento dos juros durante o período de carência, serão necessários dois pagamentos de R$ 200,00, um ao final do primeiro mês e outro ao final do segundo mês, para que, ao final do terceiro mês, aconteça o pagamento da primeira prestação, sendo todas elas no valor de R$ 393,33. O pagamento dos juros do período de carência periodicamente faz com que o valor inicial das prestações seja mantido, uma vez que o valor da dívida também não sofrerá alteração.

Taxas de juros aplicadas no mercado financeiro

As taxas de juros no mercado financeiro são muito utilizadas para expressar o custo de uma operação financeira ou até mesmo a rentabilidade de um determinado investimento. Dependendo do contexto, as taxas podem receber diferentes terminologias para melhor evidenciar o que se deseja expressar. Os termos mais utilizados são: taxa real, taxa nominal, taxa efetiva e taxa equivalente. A aplicação prática de cada um dos termos será demonstrada a seguir.

Taxa real

Segundo Assaf Neto (2016b:68), "o termo real para as operações de Matemática Financeira denota um resultado apurado livre dos efeitos inflacionários. Ou seja, quanto se ganhou (ou perdeu) verdadeiramente, sem a interferência das variações verificadas nos preços". Em outras palavras, a taxa real expressa o aumento ou perda no poder de compra do dinheiro após descontado o efeito da inflação.

Para melhor ilustrar, considere o exemplo a seguir.

Um investidor que iria gastar o valor de R$ 1.000,00 há um ano na aquisição de um determinado bem decidiu aplicar a quantia na renda fixa para multiplicar seu dinheiro e, somente hoje, após um ano, comprar o bem desejado. A rentabilidade líquida da aplicação foi de 6% no ano. Logo, os R$ 1.000,00 aplicados se transformaram em R$ 1.060,00. Ocorre que o bem que o investidor iria comprar, que há um ano custava R$ 1.000,00, hoje custa R$ 1.050,00, pois teve o preço atualizado pela inflação, que nesse caso, foi de 5% no mesmo período. Observe que com os R$ 1.060,00 o investidor pode agora comprar o bem desejado por R$ 1.050,00 e ainda lhe sobram R$ 10,00. Isso induz ao pensamento que o investidor aumentou seu poder de compra em apenas R$ 10,00, equivalente a 1% sobre os R$ 1.000,00 inicialmente aplicados. Porém, em razão da inflação, o bem não custa mais R$ 1.000,00, e sim R$ 1.050,00. Logo, o poder de compra deve fazer referência ao valor atual do bem, o que resulta em um aumento no poder de compra de apenas 0,95238% no ano. O cálculo é detalhado a seguir:

$$Taxa\ Real = \frac{(1 + Taxa\ de\ Juros)}{(1 + Taxa\ de\ Inflação)} - 1$$

$$Taxa\ Real = \frac{(1 + 0{,}06)}{(1 + 0{,}05)} - 1$$

$$Taxa\ Real = \frac{1{,}06}{1{,}05} - 1$$

$$Taxa\ Real = 1{,}0095238 - 1$$

$$Taxa\ Real = 0{,}0095238\ ou\ 0{,}95238\%$$

Quando a inflação resultar maior do que a taxa de juros, a taxa real será negativa, ou seja, em vez de aumentar, o poder de compra da moeda será diminuído.

Taxa nominal

Segundo Martinetti Filho (2010:73), “é a taxa em que a unidade de referência de seu período é diferente da unidade do período de capitalização. Geralmente é fornecida em anos”. Em outras palavras, a taxa nominal representa a taxa efetivamente usada para incorporar os juros sobre o capital a cada período multiplicado pela quantidade de vezes em que isso ocorrerá em um intervalo de tempo, geralmente um ano. Ou seja, podemos afirmar que uma taxa efetiva de 1% ao mês, durante um ano (12 meses), pode ser expressa como uma taxa nominal de 12% ao ano capitalizada mensalmente. Da mesma forma, uma taxa efetiva de 2% ao mês, durante o mesmo prazo de um ano, pode ser expressa como uma taxa nominal de 24% ao ano capitalizada mensalmente.

Ocorre, porém, que o período de capitalização descrito em uma taxa nominal pode influenciar a quantidade de vezes em que os juros serão incorporados ao capital principal e isso resultar em valores acumulados diferentes. Para melhor evidenciar esse efeito, a demonstração a seguir será realizada partindo da atualização de R$ 1.000,00 por um período de um ano com a taxa nominal de 12% ao ano capitalizada mensalmente em comparação com a mesma taxa nominal de 12% ao ano, porém capitalizada semestralmente.

Note, no quadro 22, que para aplicarmos a capitalização de uma taxa nominal é importante respeitar o período de capitalização ao qual faz referência; logo, se a taxa nominal é anual, mas a capitalização é mensal, basta dividir o valor por 12 e, nesse caso, aplicar mensalmente a taxa. Da mesma forma que se a taxa nominal for anual, mas sua capitalização for semestral, bastará dividir seu valor por dois e aplicar a cada semestre, afinal são dois semestres em um ano. É importante perceber que os efeitos nos juros resultam em montantes acumulados diferentes. No caso descrito no quadro, se a capitalização for mensal, a taxa efetiva gerada será de 12,68% no ano; já no caso da capitalização semestral, a taxa efetiva resultante será de 12,36% no ano.

Quadro 22
Comparativo entre capitalização mensal e semestral de uma taxa nominal

12% a.a. Capitalizada ao mês: 1% ao mês			12% a.a. Capitalizada ao semestre: 6% ao semestre		
Período	**Capital**	**Juros ao mês**	**Período**	**Capital**	**Juros ao semestre**
Mês 0	1.000,00		**Mês 0**	1.000,00	
Mês 1	1.010,00	10,00	**Mês 1**	1.000,00	
Mês 2	1.020,10	10,10	**Mês 2**	1.000,00	
Mês 3	1.030,30	10,20	**Mês 3**	1.000,00	
Mês 4	1.040,60	10,30	**Mês 4**	1.000,00	
Mês 5	1.051,01	10,41	**Mês 5**	1.000,00	
Mês 6	1.061,52	10,51	**Mês 6**	1.060,00	60,00
Mês 7	1.072,14	10,62	**Mês 7**	1.060,00	
Mês 8	1.082,86	10,72	**Mês 8**	1.060,00	
Mês 9	1.093,69	10,83	**Mês 9**	1.060,00	
Mês 10	1.104,62	10,94	**Mês 10**	1.060,00	
Mês 11	1.115,67	11,05	**Mês 11**	1.060,00	
Mês 12	1.126,83	11,16	**Mês 12**	1.123,60	63,60
Total:	1.000,00	126,83	**Total:**	1.000,00	123,60
Taxa efetiva no ano:		12,68%	Taxa efetiva no ano:		12,36%

Exemplificando as taxas nominais, sem a incidência de outros custos ou valores, temos:

- 12% ao ano capitalizados mensalmente equivalem a uma taxa efetiva de 1% ao mês;
- 12% ao ano capitalizados semestralmente equivalem a uma taxa efetiva de 6% ao semestre;
- 24% ao ano capitalizados mensalmente equivalem a uma taxa efetiva de 2% ao mês;
- 24% ao ano capitalizados semestralmente equivalem a uma taxa efetiva de 12% ao semestre;

- 12% ao ano capitalizados bimestralmente equivalem a uma taxa efetiva de 2% ao bimestre;
- 12% ao ano capitalizados trimestralmente equivalem a uma taxa efetiva de 3% ao trimestre.

Em suma, para encontrar a taxa efetiva de uma taxa nominal basta dividir a taxa nominal pela quantidade de períodos de capitalização contidos no prazo mencionado na própria taxa.

Taxa efetiva

Segundo Vieira Sobrinho (2018:164), taxa efetiva é "a taxa de juros calculada com base no valor efetivamente emprestado ou aplicado e no valor efetivamente recebido ou resgatado", considerando, inclusive, eventuais despesas de contrato com taxas de administração, comissões, impostos, por exemplo. Em outras palavras, a taxa efetiva é a taxa que representa o percentual a ser aplicado, período a período, para se calcular o valor atualizado já considerando todos os custos envolvidos na operação. A taxa de juros efetiva é a base para o cálculo do custo efetivo total da operação financeira, também chamada de CET. O exemplo a seguir ilustra esse conceito.

> Considere um empréstimo de R$ 10.000,00 para ser pago em 30 dias com a aplicação de uma taxa de juros de 10% ao mês, porém, para a tomada do recurso, existe uma tarifa de contrato igual a R$ 500,00. São dois os cenários possíveis:
>
> Cenário 1: o valor de R$ 500,00, referente à tarifa, sendo pago na tomada do recurso, será o mesmo que tomar emprestados apenas R$ 9.500,00, pois R$ 10.000,00 – R$ 500,00 = R$ 9.500,00. Porém, para quitar a operação após um mês, o valor devido será de R$ 11.000,00, pois R$ 10.000,00 + (R$ 10.000,00 × 10%) = R$ 11.000,00. Nesse caso, a taxa efetiva da operação será de 15,79% no mês, afinal R$ 11.000,00 ÷ R$ 9.500,00 = 1,1579.

> Cenário 2: o valor de R$ 500,00, referente à tarifa, sendo financiado com a operação para possibilitar ao tomador receber os R$ 10.000,00 propostos, resultará em um valor de empréstimo igual a R$ 10.500,00. Considerando que a taxa aplicada é de 10% ao mês e que o valor será quitado 30 dias após a tomada do recurso, o valor necessário para quitar o empréstimo será de R$ 11.550,00, uma vez que R$ 10.500,00 + (R$ 10.500,00 × 10%) = R$ 11.550,00. Nesse caso, a taxa efetiva da operação será de 15,50% no mês; afinal R$ 11.550,00 ÷ R$ 10.000,00 = 1,1550.

Observe que a taxa efetiva será calculada sempre considerando os valores efetivamente recebidos e pagos, incluindo todos os efeitos decorrentes da operação financeira

Taxas equivalentes

Taxas equivalentes são as taxas que, aplicadas sobre o mesmo capital, no mesmo prazo, geram o mesmo resultado, ainda que façam referência a períodos de capitalização diferentes.

Exemplificando, temos que, aplicando R$ 1.000,00, pelo prazo de um ano, usando taxas ao mês ou taxas ao ano, é possível chegar a um mesmo valor acumulado. Nesse caso, as taxas ao mês e ao ano serão equivalentes. Observe:

- 1% ao mês, durante 12 meses (um ano), sobre R$ 1.000,00, resultará em R$ 1.126,82;
- 12,682% ao ano, por um ano (12 meses), sobre R$ 1.000,00, resultarão em R$ 1.126,82.

Logo, as taxas de 1% ao mês e 12,682% ao ano são equivalentes no regime de juros compostos.

Para transformar uma taxa ao mês em uma taxa ao ano, basta capitalizar a taxa. A expressão é a seguinte:

$$i_{capitalizada} = [(1 + i)^n - 1] \times 100$$

onde:

$i_{capitalizada}$ = taxa de juros capitalizada, equivalente a um período maior;

i = taxa de juros que se deseja capitalizar;

n = quantidade de períodos em que se deseja capitalizar a taxa.

Usando a expressão para resolver o exercício citado anteriormente, temos:

$$\boxed{i_{capitalizada} = [(1 + i)^n - 1] \times 100}$$

$$i_{capitalizada} = [(1 + 0{,}01)^{12} - 1] \times 100$$

$$i_{capitalizada} = [1{,}01^{12} - 1] \times 100$$

$$i_{capitalizada} = [1{,}12682 - 1] \times 100$$

$$i_{capitalizada} = 0{,}12682 \times 100$$

$$i_{capitalizada} = 12{,}682\%$$

Se o objetivo for realizar o cálculo inverso, transformando uma taxa ao ano em uma taxa ao mês, bastará descapitalizar a taxa. A expressão é a seguinte:

$$\boxed{i_{descapitalizada} = [(1 + i)^{\frac{1}{n}} - 1] \times 100}$$

onde:

$i_{descapitalizada}$ = taxa de juros descapitalizada, equivalente a um período menor;

i = taxa de juros que se deseja descapitalizar;

n = quantidade de períodos em que se deseja descapitalizar a taxa.

Partindo dos dados do exemplo anterior, temos:

$$\boxed{i_{descapitalizada} = [(1+i)^{\frac{1}{n}} - 1] \times 100}$$

$$i_{descapitalizada} = [(1+0{,}12682)^{\frac{1}{12}} - 1] \times 100$$

$$i_{descapitalizada} = [(1{,}12682)^{\frac{1}{12}} - 1] \times 100$$

$$i_{descapitalizada} = [(1{,}12682)^{0{,}08333333} - 1] \times 100$$

$$i_{descapitalizada} = [1{,}01 - 1] \times 100$$

$$i_{descapitalizada} = 0{,}01 \times 100$$

$$i_{descapitalizada} = 1{,}00\%$$

A calculadora HP-12c permite calcular a taxa equivalente rapidamente, mas para isso é importante compreender a lógica por trás dos cálculos.

Passos na calculadora para transformar a taxa de 1% ao mês em sua taxa equivalente ao ano:

← É sempre recomendável limpar as memórias antes de iniciar um novo cálculo.

← Valor fixo para todos os casos.

← A taxa a ser convertida.

← Se do período menor para o maior, coloque o maior.

← Resultado evidenciando o montante capitalizado.

Teclas	Visor	Observação
1 n	1,00	← Se do período menor para o maior, coloque o menor.
i	12,682	← Resultado: taxa equivalente a 1 período.

Observe que o mesmo procedimento pode ser aplicado para descapitalizar as taxas.

Passos na calculadora para transformar a taxa de 12,682% ao ano em sua taxa equivalente ao mês:

Teclas	Visor	Observação
f CLX		← É sempre recomendável limpar as memórias antes de iniciar um novo cálculo.
1 PV	1,00	← Valor fixo para todos os casos.
1 2 . 6 8 2 i	12,682	← A taxa a ser convertida.
1 n	1,00	← Se do período maior para o menor, coloque o menor.
FV	- 1,12682	← Resultado evidenciando o montante capitalizado.
1 2 n	12,00	← Se do período maior para o menor, coloque o maior.
i	1,00	← Resultado: taxa equivalente a 1 período.

Observe que, na calculadora HP-12c, o procedimento para capitalizar e descapitalizar a taxa é praticamente o mesmo, devendo-se apenas atentar para os valores que deverão ser considerados na variável "n".

Neste capítulo, foram apresentados os conhecimentos necessários para a estruturação do pensamento matemático no mundo das finanças e para calcular o valor das variáveis financeiras no regime de juros simples e compostos, bem como foi exposta a aplicabilidade dos cálculos nas operações financeiras.

No próximo capítulo, será mostrado como estruturar o fluxo de caixa de um projeto de investimento e os métodos de análise que permitem verificar se o projeto é viável ou não.

3
Fluxos de caixa e métodos de avaliação de projetos de investimento

O objetivo deste capítulo é demostrar como os fluxos de caixa de uma decisão de investimento podem ser projetados e como analisar a viabilidade de uma decisão de investimento. Para isso, serão apresentados os conceitos e como calcular o fluxo de caixa livre da empresa e o fluxo de caixa livre do acionista. Na sequência, ainda neste capítulo, serão apresentados os principais métodos de análise de projetos de investimentos utilizados no mercado financeiro.

Projeção dos fluxos de caixa livre de um projeto de investimento

É consagrado que um dos aspectos mais importantes de uma decisão de investimento está centrado na projeção dos fluxos de caixa que o ativo em análise tem capacidade de oferecer no futuro.

Os fluxos de caixa representam os valores resultantes após totalizadas as entradas (recebimentos) e saídas (desembolsos) de cada período ao longo do tempo. No ambiente corporativo, é comum o uso de diagramas para representar os fluxos de caixa, em que o eixo horizontal é usado para representar a linha do tempo e as setas, para baixo ou para cima, indicam os valores resultantes de cada período. As setas para baixo indicam desembolsos e as setas para cima mostram os recebimentos.

Segundo Bordeaux-Rêgo et al. (2013), os fluxos de caixa dependem da natureza de cada projeto. Quando temos uma saída de caixa no início, seguida de uma série de entradas, dizemos que se trata de um fluxo de caixa convencional. Quando os fluxos de caixa estão distribuídos de forma não uniforme, estamos diante de um fluxo de caixa não convencional. Para melhor compreender, observe a figura 6.

Figura 6
Exemplo de diagramas de fluxos de caixa

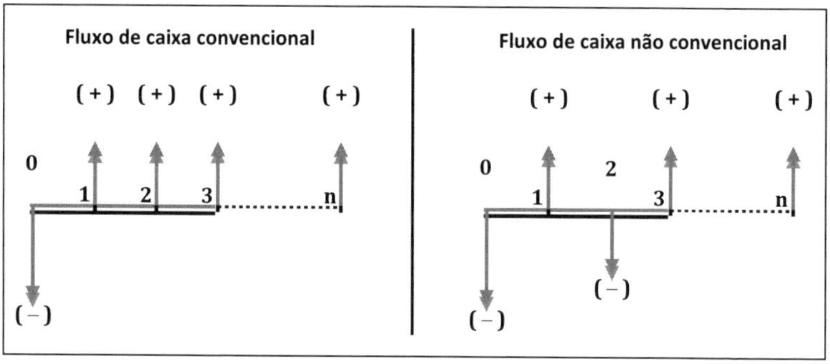

Note que no fluxo de caixa convencional existe apenas uma inversão de sinal, diferentemente do fluxo de caixa não convencional. Esse mesmo padrão é utilizado para demonstrar os fluxos de caixa livres de uma determinada decisão de investimento.

O método do fluxo de caixa livre, seja pela ótica da empresa, seja pela ótica do acionista, consiste em apurar o valor que efetivamente está disponível para novos investimentos ou para pagamentos dos investidores de capital.

Segundo Assaf Neto (2019), o fluxo de caixa livre (ou disponível) é o resultado de caixa após a cobertura do volume de recursos necessários para financiar os investimentos e prover o crescimento da empresa. O fluxo de caixa livre de um negócio pode ser analisado pela ótica da empresa ou do investidor (acionista).

Fluxo de caixa livre para a empresa (FCLE)

O fluxo de caixa livre da empresa (FCLE) é calculado a partir do fluxo de caixa operacional (FCO) com alguns ajustes. Assaf Neto (2019) sugere que a estrutura básica de apuração do fluxo de caixa livre da empresa deve partir do resultado operacional líquido após o IR (NOPAT), conforme apresentado no quadro 23.

Quadro 23

Exemplo de apuração do fluxo de caixa livre da empresa

=	NOPAT* – resultado operacional líquido após o IR	1.100
-	Depreciação/amortização	-100
=	**Fluxo de caixa operacional**	**1.000**
– ou +	CAPEX – *Capital expenditures*	-250
– ou +	Variação do investimento em capital de giro	-100
=	**Fluxo de caixa livre da empresa – FCLE**	**650**

Fonte: Adaptado de Assaf Neto (2019) pelos autores.

NOPAT é a abreviatura para o termo em inglês "*net operating profit after tax*", que em português significa "lucro operacional líquido após o imposto de renda" ou simplesmente lucro ou prejuízo líquido do exercício. Assaf Neto (2019) sugere que o NOPAT seja ajustado para o valor que resultaria caso não existissem despesas financeiras, por isso o asterisco "*" no quadro 23. A razão é verificar a capacidade que a empresa tem de gerar fluxos de caixa livres, independentemente do seu grau de alavancagem financeira. Em outras palavras, qual o fluxo de caixa que seria gerado caso a empresa não possuísse dívidas.

Após o fluxo de caixa operacional, que resulta da devolução da depreciação, por não significar desembolso, dois ajustes importantes são necessários: adição dos efeitos da variação dos investimentos em CAPEX (*capital expenditures*) e variação dos investimentos em capital de giro.

CAPEX é a sigla em inglês para representar todos os gastos de capital da empresa. Segundo Assaf Neto (2019:172), o CAPEX representa os investimentos em bens de capital e pode incluir a "aquisição de bens tangíveis ou intangíveis com vida útil esperada maior que um ano, como edificações, máquinas e equipamentos, gastos com pesquisa e desenvolvimento, patentes, investimentos em tecnologia e sistemas". Esses ativos têm como objetivo a atualização tecnológica, o suporte para o crescimento projetado pela empresa, bem como a substituição dos ativos existentes.

A expectativa é que os investimentos realizados classificados como CAPEX possam gerar resultados que cubram o custo de oportunidade dos investidores e, por essa razão, adicionem valor ao negócio.

Já a variação do investimento em capital de giro refere-se à variação total que ocorre na necessidade de capital de giro da empresa. Essa variação decorre da alteração na política de prazos praticados pela organização, seja na concessão de prazo para os clientes, tempo de renovação dos estoques ou prazos de pagamentos pleiteados com os fornecedores. Vale lembrar que, como a necessidade de capital de giro da empresa depende do nível de atividade do negócio, mesmo que a política de prazos permaneça inalterada, haverá variação na necessidade de capital de giro se o nível de atividade e da empresa for alterado. Significa dizer que, caso a empresa aumente constantemente, período após período, o nível de vendas, será esperado um aumento na necessidade de capital de giro na mesma proporção, e esse valor gerará impacto no fluxo de caixa.

Portanto, o fluxo de caixa livre da empresa representa o volume de recursos que dela poderá ser extraído para fazer frente à remuneração exigida pelos investidores, sejam credores ou acionistas.

Fluxo de caixa livre para o acionista (FCLA)

O FCLA é representado pelos fluxos de caixa de que efetivamente os acionistas poderão dispor, por exemplo, para distribuição dos dividendos. Os acionistas são os credores residuais do resultado da empresa após o pagamento de todos os compromissos firmados. Dizemos "credores residuais" por serem os últimos a receberem os retornos, logo após o pagamento dos compromissos com os credores de capital, ou seja, após o pagamento das dívidas do negócio.

A formulação básica de apuração do fluxo de caixa livre para o acionista é apresentada por Assaf Neto (2019), conforme quadro 24.

Quadro 24

Exemplo de apuração do fluxo de caixa livre do acionista

=	NOPAT – resultado operacional líquido após o IR	1.100
-	Depreciação/amortização	-100
=	**Fluxo de caixa operacional**	**1.000**
- ou +	Capex – *Capital expenditures*	-250
- ou +	Variação do investimento em capital de giro	-100
=	**Fluxo de caixa livre da empresa – FCLE**	**650**
+	Captação de empréstimos e financiamentos	200
-	Amortização de empréstimos e financiamentos	-50
-	Despesas financeiras	-50
+	Benefício fiscal da dívida	-50
=	**Fluxo de caixa livre do acionista – FCLA**	**800**

Fonte: Adaptado de Assaf Neto (2019) pelos autores.

A captação de financiamentos e empréstimos para financiar um investimento é uma prática muito comum no mundo dos negócios e se justifica pelos benefícios que pode gerar. A captação de recursos com terceiros pode potencializar o resultado para os acionistas e tornar possível um investimento que demande um volume maior de capital. Outra vantagem na adoção de dívidas é o chamado benefício fiscal da dívida.

O benefício fiscal da dívida surge quando as empresas que possuem a tributação com base na apuração do lucro real lançam os custos com juros como despesas financeiras e reduzem a base tributável, reduzindo, por consequência, o valor do imposto de renda a ser pago. Observe que, se considerado o lucro líquido de imposto de renda do exercício sem a existência de dívidas, o valor do imposto de renda resultará maior do que de fato é, pois será calculado com base em um lucro maior, sem dívidas. Logo, ao registrar as despesas financeiras no demonstrativo de resultado do exercício, a base tributável diminuirá e, consequentemente, o imposto de renda também. É exatamente essa diferença que será computada na linha do benefício fiscal da dívida, ou seja, em quanto o imposto de renda será reduzido ao lançar os juros da dívida no resultado da empresa. Uma forma simples de calcular o benefício da dívida é multiplicar o valor das despesas financeiras pela alíquota de imposto de renda marginal aplicada ao lucro tributável da empresa. Cabe lembrar que não há que se falar em benefício fiscal da dívida em empresas que são tributadas pelo lucro presumido ou optantes pelos simples nacional.

No modelo descrito acima, o fluxo de caixa livre do acionista é o resultado após a cobertura de todos os seus gastos e seus reflexos, além do ingresso de capital de terceiros e suas amortizações.

Nesse sentido, o fluxo de caixa livre do acionista é o volume de recursos que a empresa pode distribuir para seus acionistas ou manter em caixa para investimentos futuros. Significa dizer que se a empresa distribuir aos acionistas menos dinheiro do que o representado no fluxo de caixa livre para o acionista, primará pelo aumento da liquidez em detrimento da rentabilidade ou estará formando capital para investimento em outra oportunidade negocial. Já se a empresa distribuir um valor maior do que o apurado pelo FCLA, provavelmente o fará à custa de um maior endividamento.

Modelo de fluxo de caixa sugerido para análise de projetos de investimento

Considerando que o fluxo de caixa livre do acionista pode ser calculado a partir do fluxo de caixa livre da empresa, e este depende do resultado operacional da organização, a seguir será apresentado um demonstrativo que consolida toda a projeção econômica e financeira do negócio para fins de análise de viabilidade de projetos de investimento. A expectativa do modelo sugerido é a de concentrar as informações mais relevantes e suficientes, nortear e, ao mesmo tempo, simplificar a tomada de decisão financeira. Como se trata de uma visão gerencial, os ajustes podem ser realizados para melhor representar como os fluxos de recursos para os investidores de capital são gerados.

Quadro 25

Modelo simplificado do fluxo de caixa livre da empresa e do acionista

Demonstrativo de resultado do exercício sem os efeitos da alavancagem financeira	+	Receitas brutas previstas (vendas ou receitas brutas)
	-	Dedução sobre vendas
	=	Receita operacional líquida
	-	Custos de vendas (CMV ou CPV)
	=	Lucro operacional bruto
	-	Despesas operacionais
	=	**Lucro operacional líquido**
	-	Depreciação e amortização
	=	**Lajir (lucro antes do pagamento de juros e impostos de renda)**
	=	**Lair (lucro antes do IR)**
	-	Provisão de Imposto de Renda e Contribuição Social
	=	**Lucro operacional após IR (NOPAT ajustado)**
Ajustes para o FCLE	+	Depreciação e amortização
	+ ou -	Variação dos investimentos em CAPEX
	+ ou -	Variação dos investimentos em capital de giro
	=	**Fluxo de Caixa Livre da Empresa – FCLE**
Ajustes para o FCLA	+ ou -	Variação nos empréstimos e financiamentos
	-	Despesas financeiras*
	+	Benefício fiscal da dívida
	=	**Fluxo de Caixa Livre do Acionista – FCLA**

O "*", no quadro 25, é para destacar os ajustes que devem ser observados para a apuração do lucro antes do imposto de renda. Como ilustrado, as despesas financeiras são suprimidas do demonstrativo de resultado do exercício (DRE) para que o resultado líquido expresse o real potencial da empresa em gerar resultados, independentemente da estratégia de financiamento ou alavancagem financeira. A questão aqui é responder quanto de resultado operacional líquido a atividade-fim da empresa é capaz de produzir. As despesas financeiras são posteriormente adicionadas como ajustes para a apuração do fluxo de caixa livre para o acionista a fim de consolidar o valor que efetivamente será destinado a ele.

O modelo apresentado permite verificar a evolução das vendas, dos custos das mercadorias vendidas, das margens de contribuição, das despesas operacionais e do lucro líquido a cada período. Todas essas variáveis contabilizadas pelo regime de competência, denotando o esforço operacional e o consequente resultado, independentemente da engenharia financeira adotada pela empresa.

Com os ajustes, o modelo permite evidenciar quanto o negócio é capaz de produzir de caixa após os investimentos e desinvestimentos no imobilizado e os impactos das variações na necessidade de capital de giro. Por fim, o modelo permite ainda apurar o valor destinado aos acionistas após a cobertura de todos os compromissos com terceiros financiadores do projeto, independentemente de o negócio apresentar lucro ou prejuízo.

No quadro 26, será apresentado um exemplo de fluxo de caixa nos moldes que foram sugeridos para demonstrar a magnitude e, ao mesmo tempo, a clareza na demonstração de como os fluxos de caixa de um projeto de investimento serão gerados.

Quadro 26

Modelo simplificado do fluxo de caixa livre da empresa e do acionista

		Descrição	Ano 0	Ano 1	Ano 2	Ano 3	Ano 4	Ano 5
Demonstrativo do resultado do exercício	+	Receitas brutas previstas		10.800	11.232	11.569	11.916	12.154
	-	Dedução sobre vendas (12,0%)		-1.296	-1.348	-1.388	-1.430	-1.459
	=	Receita operacional líquida		9.504	9.884	10.181	10.486	10.696
	-	Custos de vendas (CMV ou CPV) (50,0%)		-5.400	-5.616	-5.784	-5.958	-6.077
	=	Lucro operacional bruto		4.104	4.268	4.396	4.528	4.619
	-	Despesas operacionais		-600	-600	-600	-600	-600
	=	**Lucro Operacional Líquido**		**3.504**	**3.668**	**3.796**	**3.928**	**4.019**
	-	Depreciação e amortização		-1.800	-1.800	-1.800	-1.800	-1.800
	=	Lajir (lucro antes dos juros e IR)		1.704	1.868	1.996	2.128	2.219
	=	Lair (lucro antes do IR)		1.704	1.868	1.996	2.128	2.219
	-	Provisão para IR e CS (34,0%)		-579	-635	-679	-724	-754
	=	**Lucro operacional após IR (NOPAT ajustado)**		**1.125**	**1.233**	**1.317**	**1.405**	**1.464**
Ajustes (FCLE)	+	Depreciação e amortização		1.800	1.800	1.800	1.800	1.800
	Δ	Variação dos investimentos em CAPEX	-9.000					
	Δ	Variação dos investimentos em capital de giro	-1.000	-540	-22	-17	-17	1.596
	=	**Fluxo de Caixa Livre da Empresa - FCLE**	**-10.000**	**2.385**	**3.011**	**3.101**	**3.187**	**4.860**
Ajustes (FCLA)	Δ	Variação nos empréstimos e financiamentos	3.000	-600	-600	-600	-600	-600
	-	Despesas financeiras (5,0%)		-150	-120	-90	-60	-30
	+	Benefício fiscal da dívida (IR sobre juros)		51	41	31	20	10
	=	**Fluxo de Caixa Livre do Acionista - FCLA**	**-7.000**	**1.686**	**2.332**	**2.441**	**2.548**	**4.240**

Como demonstrado no quadro 26, as despesas financeiras são suprimidas do demonstrativo de resultado do exercício (DRE) para que o resultado líquido expresse o real potencial da empresa em gerar resultados, independentemente da estratégia de financiamento ou alavancagem financeira.

É importante destacar que, diferentemente dos investimentos em CAPEX, o capital de giro representa dinheiro inserido na operação para manter o fluxo de pagamentos enquanto o fluxo de recebimentos não ocorre. Portanto, como o exemplo considerou um projeto com vida útil de cinco anos, todo o capital de giro investido na operação deverá retornar ao final do quinto período.

Estando os fluxos de caixa de um projeto de investimento devidamente projetados, poderá o analista aplicar os métodos de análise de viabilidade e calcular se o projeto cumprirá os requisitos para se tornar viável para o investidor.

Introdução à análise de investimentos

A multiplicação do capital é um dos principais objetivos de qualquer investidor e, para tanto, é altamente importante conhecer as técnicas que permitem verificar se determinado investimento tem a capacidade de remunerar satisfatoriamente o capital nele empregado.

São diversos os métodos existentes de análise de investimentos, contudo alguns são tradicionalmente mais utilizados e todos eles obedecem a um princípio básico: para que um investimento seja considerado viável, deverá cumprir os requisitos mínimos de rentabilidade e de devolução do capital investido.

Nesse sentido, Assaf Neto (2019) ressalta que para a devida aplicação dos métodos de análise de viabilidade é essencial a estimação dos fluxos de caixa dos projetos de investimentos, uma vez que são os fluxos de caixa que evidenciarão os volumes de recursos necessários para a implementação de determinado projeto, bem como sua capacidade de geração de caixa para fazer frente aos recursos investidos.

Valor presente líquido (VPL)

O valor presente líquido (VPL), segundo Vieira Sobrinho (2018:171), "é uma técnica de análise de fluxos de caixa que consiste em calcular o valor presente de uma série de pagamentos (ou recebimentos) iguais ou diferentes a uma taxa conhecida, e deduzir o valor do fluxo inicial". Em outras palavras, o valor presente líquido, ou simplesmente VPL, consiste em calcular o valor presente equivalente de todos os fluxos de caixa futuros de um projeto mediante a aplicação de uma taxa de desconto que expressa a rentabilidade exigida pelo investidor e subtrair desse montante o valor total dos investimentos necessários para sua implementação.

Os resultados possíveis são: VPL positivo (VPL > 0), VPL negativo (VPL < 0) ou VPL nulo (VPL = 0). As interpretações possíveis para cada resultado são as seguintes:

- *VPL positivo ou VPL > 0 (zero)* – Evidencia o ganho adicional de um investimento. É o valor equivalente no presente após a devolução do capital investido e o pagamento da rentabilidade exigida pelo investidor, sempre considerando toda vida útil do projeto. Portanto, caso o VPL resulte positivo o projeto deverá ser considerado viável, uma vez que teve a capacidade de devolver o capital investido, rentabilizar adequadamente o investimento e ainda gerar um excedente em favor do investidor.
- *VPL negativo ou VPL < 0 (zero)* – Evidencia que o projeto de investimento não é capaz de pagar a rentabilidade exigida pelo investidor e ainda devolver todo capital nele investido. Desse modo, caso o VPL resulte negativo, o projeto deverá ser considerado inviável.
- *VPL nulo ou VPL = 0 (zero)* – Evidencia que o projeto de investimento cumpre exatamente os requisitos de rentabilidade e de devolução de capital, não gerando excedente de resultado, mas também não sendo insuficiente. Ou seja, VPL igual a zero significa dizer que o investimento possui capacidade de devolver o capital investido e remunerar exatamente a rentabilidade exigida para o investimento. Por essa ótica, um projeto com o VPL nulo poderia ainda ser considerado viável, embora alguns autores optem por mencionar que tal projeto se mostre indiferente para o investidor, cabendo a ele decidir se deverá ou não realizar o investimento.

Na prática, apurar o VPL significa verificar quanto um ativo vale, a mais ou a menos, do que ele custa, inclusive descontando a rentabilidade desejada pelo investidor. Por essa razão, o VPL fornece ao analista uma visão altamente objetiva da geração ou destruição de valor ao implementar um investimento.

Para melhor compreensão da aplicabilidade dos métodos de análise de viabilidade de investimentos, iniciando pelo VPL, considere o seguinte exemplo:

O analista de investimentos da Empresa Fictícia de Tecnologia S.A. avalia a viabilidade de adquirir um braço mecânico para aumentar a velocidade de produção de sua fábrica de placas de circuito impresso para computadores. O braço mecânico possui a vida útil de quatro anos e, após esse período, o fabricante sugere que seja totalmente trocado. Acredita-se que com a aquisição do equipamento as receitas irão aumentar e gerarão incrementos líquidos nos fluxos de caixa na ordem de R$ 3 milhões no primeiro ano, R$ 5 milhões no segundo ano e R$ 7 milhões em cada um dos dois últimos anos de vida útil do braço mecânico. Os incrementos líquidos nos fluxos de caixa já consideram os resultados após os pagamentos de todos os custos operacionais em cada ano de operação. Os custos de aquisição da máquina, incluindo todos os custos logísticos e de instalação para deixar o equipamento pronto para iniciar a operação, totalizam R$ 10 milhões. A rentabilidade exigida pelos investidores para que o projeto em análise seja considerado viável é de 15,20% ao ano. O fluxo de caixa do investimento está representado na figura 7.

Figura 7

Visão gráfica dos fluxos de caixa do investimento no braço mecânico

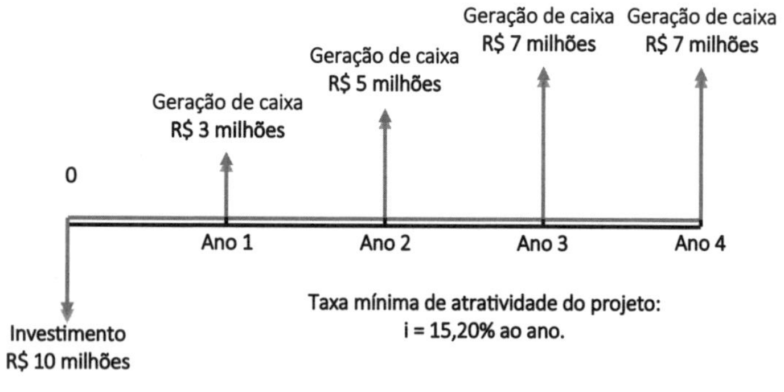

Questão-chave do VPL: Sabendo que o método de análise de investimentos aplicado é o cálculo do valor presente líquido (VPL), deverá o analista considerar o projeto viável? Por quê?

Para a verificação da viabilidade aplicando o método de cálculo do valor presente líquido, basta calcular o valor presente de cada um dos fluxos de caixa futuros projetados e subtrair do investimento inicial. Algebricamente os cálculos são:

$$VPL = \left(\frac{Fcx_1}{(1+i)^1} + \frac{Fcx_2}{(1+i)^2} + \frac{Fcx_3}{(1+i)^3} + \frac{Fcx_4}{(1+i)^4}\right) - Investimento$$

$$VPL = (VP_{do\ Fcx\ 1} + VP_{do\ Fcx\ 2} + VP_{do\ Fcx\ 3} + VP_{do\ Fx\ 4})$$

$$VPL = \left(\frac{3}{(1+0{,}1520)^1} + \frac{5}{(1+0{,}1520)^2} + \frac{7}{(1+0{,}1520)^3} + \frac{7}{(1+0{,}1520)^4}\right) - 10$$

$$VPL = \left(\frac{3}{1{,}1520} + \frac{5}{1{,}3271} + \frac{7}{1{,}5288} + \frac{7}{1{,}7612}\right) - 10$$

$$VPL = (2{,}604 + 3{,}768 + 4{,}579 + 3{,}974) - 10$$

$$VPL = 14{,}925 - 10 \therefore VPL = +4{,}925\ (VPL\ Positivo)$$

Como o resultado do VPL foi positivo, significa dizer que o projeto em análise possui a capacidade de remunerar a rentabilidade exigida pelos investidores de 15,20% ao ano sobre o capital aplicado, devolver o capital total investido e ainda gerar um ganho adicional equivalente a R$ 4,925 milhões no momento presente. Portanto, o projeto de aquisição do braço mecânico para aumentar a velocidade de produção da fábrica é viável.

A calculadora HP-12c pode calcular o VPL de um fluxo de caixa com rapidez. Basta digitar os valores dos fluxos de caixa na ordem cronológica, inserir a rentabilidade exigida na variável [i], pressionar a tecla [f] e, na sequência, a tecla [PV]. No caso, a função que está sendo acessada é a função "NPV" (sigla em inglês para *net present value*, que em português significa valor presente líquido), escrito na cor laranja, logo acima da tecla.

Os fluxos de caixa são inseridos na calculadora usando a função "azul" das teclas, que é acionada ao pressionar antes a tecla [g]. Para inserir o valor do fluxo de caixa 0 (inicial), que nesse exemplo representa um investimento, basta digitar o valor investido e, na sequência, pressionar a tecla [CHS DATE] para tornar o valor negativo; afinal representa um desembolso e, posteriormente, as teclas [g] e [PV CFo], uma após a outra e nessa ordem. Para inserir os demais fluxos de caixa, basta digitar o valor resultante do fluxo de caixa, pressionar a tecla [g] e, posteriormente, a tecla [PMT CFj], sempre observando se corresponde a uma entrada ou saída de caixa.

Os fluxos de caixa devem ser inseridos na sua respectiva ordem cronológica, inclusive quando forem iguais a zero. Também existe a função "Nj", que serve para informar o número de vezes que o último fluxo de caixa se repete. Para usá-la, basta digitar o número de vezes que o último fluxo de caixa deve ser considerado e pressionar, na sequência, as teclas [g] e [FV Nj].

A representação gráfica do cálculo do VPL para o exemplo descrito anteriormente será mostrada a seguir e, na sequência, os passos para o cálculo do VPL com o uso da calculadora HP-12.

Figura 8
Visão gráfica do cálculo do VPL do investimento no braço mecânico

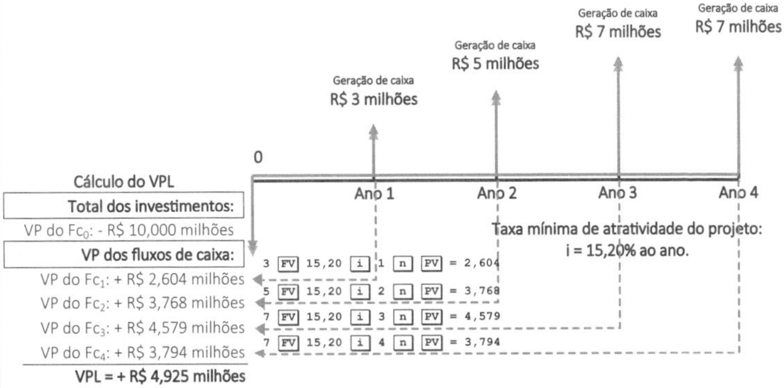

Para calcular o VPL com o uso da calculadora HP-12c, a sequência das teclas é a seguinte:

Teclas	
f CLX	← É sempre recomendável limpar as memórias antes de iniciar um novo cálculo.
1 0 CHS g PV	← Insere o investimento (negativo) no fluxo de caixa 0 (inicial).
3 g PMT	← Insere o fluxo de caixa do ano 1 (positivo).
5 g PMT	← Insere o fluxo de caixa do ano 2 (positivo).
7 g PMT	← Insere o fluxo de caixa do ano 3 (positivo).
7 g PMT ou 2 g FV	← Informa que são dois fluxos no valor de 7 (ano 3 e ano 4).
1 5 . 2 i	← Insere a taxa de rentabilidade desejada (taxa de desconto).
f PV → 4,9250	← Aparece o NPV ou, em português, VPL. No caso, positivo.

Observe que como a rentabilidade exigida pelos investidores é de 15,20% ao ano e o VPL resultou positivo, significa dizer que a rentabilidade foi alcançada, o capital investido foi devolvido e ainda gerou um ganho adicional. Nesse caso, presumir-se-á que a rentabilidade média do projeto é superior à taxa mínima de atratividade de 15,20% ao ano. Para apurar a taxa de retorno que o projeto oferece, deve-se calcular a taxa interna de retorno, ou simplesmente TIR.

Taxa interna de retorno (TIR)

A taxa interna de retorno, segundo Assaf Neto (2016a:158), "é a taxa de juros (desconto) que iguala, em determinado momento do tempo, o valor presente das entradas (recebimentos) com o das saídas (pagamentos) previstas de caixa". Em outras palavras, a taxa interna de retorno, ou simplesmente TIR, é a taxa média de retorno, período após período, que determinado fluxo de caixa oferece, considerando toda a vida útil do projeto em análise. Comparando os valores possíveis da taxa interna de retorno (TIR) com a taxa mínima de atratividade (TMA) do investimento, os resultados possíveis podem ser: (TIR > TMA), (TIR < TMA) ou (TIR = TMA). As interpretações possíveis para cada resultado são as seguintes:

- *(TIR > TMA).* A TIR maior que a TMA evidencia que os fluxos de caixa em análise oferecem uma rentabilidade média, período após período, considerando toda a vida útil do projeto, maior do que a rentabilidade média exigida pelo investimento. Portanto, caso a TIR resulte maior que a TMA, o projeto deverá ser considerado viável por gerar uma rentabilidade adicional se comparada à taxa mínima exigida para o investimento. Nesse caso, o VPL do projeto resultará em um valor necessariamente positivo.
- *(TIR < TMA).* A TIR menor que a TMA evidencia que os fluxos de caixa em análise não possuem a capacidade de oferecer uma rentabilidade média, período após período, considerando toda a vida útil do projeto, maior do que a rentabilidade média exigida pelo investimento. Portanto, caso a TIR resulte menor que a TMA, o projeto deverá ser considerado inviável por não gerar a rentabilidade mínima exigida para a realização do investimento. Nesse caso, o VPL do projeto resultará em um valor necessariamente negativo.
- *(TIR = TMA).* A TIR igual à TMA evidencia que os fluxos de caixa em análise possuem a capacidade de oferecer uma rentabilidade média, período após período, considerando toda a vida útil do projeto, exatamente igual a rentabilidade média exigida pelo investimento. Nesse caso, o VPL do projeto resultará em um valor necessariamente nulo (igual

a zero). Por essa ótica, um projeto que resulte em uma TIR igual à TMA poderia ainda ser considerado viável, embora alguns autores optem por mencionar que tal projeto se mostre indiferente para o investidor, cabendo a ele decidir se deverá ou não realizar o investimento.

A exemplificação do método de análise de investimentos baseada no cálculo da taxa interna de retorno será realizada a partir do exemplo anteriormente descrito, conforme segue.

Questão-chave da TIR: Sabendo que o método de análise de investimentos aplicado é o cálculo da taxa interna de retorno (TIR), deverá o analista da Empresa Fictícia Tecnologia S.A. considerar viável o projeto de adquirir um braço mecânico para aumentar a velocidade de produção de sua fábrica de placas de circuito impresso para computadores? Por quê?

Segundo Gitman (2010:371), a taxa interna de retorno "é a taxa de desconto que iguala o VPL de uma oportunidade de investimento a zero (isso porque o valor presente das entradas de caixa iguala-se ao investimento inicial)". Nesse sentido, algebricamente temos:

$$\sum_{t=1}^{n} \frac{Fcx_t}{(1 + TIR)^t} = Fcx_0$$

Gitman (2010:372) complementa que calcular a TIR "envolve uma técnica complexa de tentativa e erro que testa, logicamente, diversas taxas de desconto, até encontrar aquela que faz com que o valor presente das entradas de caixa do projeto seja idêntico ao investimento inicial".

Felizmente a calculadora HP-12c possui a função de cálculo da TIR que permite ao usuário calcular seu valor com muita rapidez e simplicidade, bastando para isso digitar os valores dos fluxos de caixa na ordem cronológica, igualmente ao procedimento utilizado para o cálculo do VPL, pressionar a tecla [f] e, na sequência, a tecla [FV Nj]. Nesse caso, a função na cor laranja que se está acessando é a "IRR" (sigla em inglês para *internal rate of return*, que em português significa taxa interna de retorno). Note que para o uso dessa função não é necessário inserir a rentabilidade exigida pelo investimento na variável [i 12÷], pois será essa a variável que será calculada pela HP-12c.

Os fluxos de caixa são digitados na calculadora e inseridos por meio do uso das teclas [g], [PV CFo], [PMT CFj] e [FV Nj] da mesma forma que utilizado anteriormente para o cálculo do VPL.

Para calcular a TIR do exemplo descrito anteriormente e que está esquematizado na figura 8, os passos são os seguintes:

[f] [CLX x=0] ← É sempre recomendável limpar as memórias antes de iniciar um novo cálculo.

[1] [0] [CHS DATE] [g] [PV CFo] ← Insere o investimento (negativo) no fluxo de caixa 0 (inicial).

[3] [g] [PMT CFj] ← Insere o fluxo de caixa do ano 1 (positivo).

[5] [g] [PMT CFj] ← Insere o fluxo de caixa do ano 2 (positivo).

[7] [g] [PMT CFj] ← Insere o fluxo de caixa do ano 3 (positivo).

[7] [g] [PMT CFj] ou [2] [g] [FV Nj] ← Informa que são 2 fluxos no valor de 7 (ano 3 e ano 4).

[f] [FV Nj] 34,56 ← Aparece a IRR ou, em português, TIR. No caso, 34,56% ao ano.

Note que os passos na calculadora para calcular a TIR são muito similares aos passos para calcular o VPL, apenas com a mudança de, no final, em vez de digitar a TMA e usar a função "NPV", basta acionar diretamente a função "IRR".

Nesse caso, como a TIR apurada de 34,56% ao ano resultou em um valor maior que a TMA de 15,20% ao ano, o projeto deverá ser considerado viável, uma vez que oferece uma rentabilidade (TIR) superior à taxa de rentabilidade exigida pelos investidores (TMA) para o investimento.

Taxa interna de retorno modificada (TIRM)

A taxa interna de retorno modificada (TIRM) é uma inovação da taxa interna de retorno (TIR) em razão das seguintes situações:

- A TIR pode não distinguir projetos que apresentam VPLs positivos de projetos que apresentam VPLs negativos. Por exemplo, considerando a TMA = 10% ao período:
  - fluxo de caixa A (–R$ 100; +R$ 50; +R$ 80): TIR = 17,87% e VPL = +R$ 11,57;
  - fluxo de caixa B (+R$ 100; –R$ 50; –R$ 80): TIR = 17,87% e VPL = –R$ 11,57.
- A TIR pode apresentar mais de um resultado correto quando os fluxos de caixa possuírem mais de uma inversão de sinal ao longo do projeto. Por exemplo:
  - fluxo de caixa C (–R$ 8; +R$ 50; –R$ 50): TIR = 25% e TIR = 400%.

A TIR presume que o os fluxos de caixa gerados serão retirados do projeto pelo investidor ou que eles serão reinvestidos no projeto a uma taxa de retorno igual à própria TIR.

O investidor pode decidir, a seu critério, não retirar os fluxos de caixa até o final da vida útil do projeto e, nesse caso, os fluxos serão reinvestidos a uma taxa provavelmente diferente da TIR original.

Como alternativa para solucionar todas as questões descritas acima, a taxa interna de retorno modificada (TIRM) considera que todos os fluxos de caixa serão reinvestidos até o final da vida útil do projeto a uma taxa preestabelecida. Dessa forma, caberá ao analista simular como resultaria o novo fluxo de caixa, considerando os reinvestimentos dos seus próprios fluxos até o último período e calcular a TIR do novo fluxo de caixa. A nova TIR encontrada receberá o nome de TIR modificada, uma vez que se trata de uma simples TIR, mas que foi calculada a partir de um fluxo de caixa modificado. Comparando os valores possíveis da taxa interna de retorno modificada (TIRM) com os da taxa mínima de atratividade (TMA) do investimento, os resultados poderão ser: (TIRM > TMA), (TIRM < TMA) ou (TIRM = TMA). As interpretações possíveis para cada resultado são as seguintes:

- *(TIRM > TMA).* A TIR modificada maior que a TMA evidencia que mesmo os fluxos de caixa sendo reinvestidos até o final da vida útil do projeto, a rentabilidade média do investimento, período após período, resultou maior que a rentabilidade média exigida pelos investidores. Portanto, caso a TIRM seja maior que a TMA, o projeto deverá ser considerado viável por gerar uma rentabilidade adicional em comparação com a taxa mínima exigida para o investimento. É comum que a TIRM resulte em um valor menor do que a própria TIR, e isso evidencia que houve destruição de rentabilidade ao serem reinvestidos os fluxos de caixa no mesmo projeto; contudo, como visto, o projeto ainda poderá manter sua viabilidade se a TIRM for maior que a TMA.
- *(TIRM < TMA).* A TIR modificada menor que a TMA evidencia que os reinvestimentos dos fluxos de caixa no mesmo projeto resultaram em destruição excessiva de rentabilidade e, nesse caso, o projeto perderá a viabilidade se for modificado, uma vez que a nova rentabilidade auferida não é capaz de cobrir a rentabilidade mínima exigida pelos investidores para a realização do investimento.

- *(TIRM = TMA).* A TIR modificada igual a TMA evidencia que ao serem reinvestidos os fluxos de caixa de um investimento até o final da sua vida útil, a rentabilidade média apurada, período após período, resulta exatamente igual à rentabilidade média exigida pelos investidores. Por essa ótica, um projeto que possua uma TIRM igual à TMA poderia ainda ser considerado viável, embora alguns autores optem por mencionar que tal projeto se torne indiferente para o investidor, cabendo a ele decidir se deverá ou não realizar o investimento.

A exemplificação do método de análise de investimentos baseado no cálculo da taxa interna de retorno modificada será realizada a partir do exemplo anteriormente descrito, conforme segue.

Questão-chave da (TIRM): Os analistas da Empresa Fictícia Tecnologia S.A. acreditam que, ao aumentar a velocidade de produção de sua fábrica e com isso aumentar sua participação no mercado, será necessário a implementação de novas políticas de prazos médios concedidos aos seus clientes e maiores níveis de estoques. A mudança nos prazos implicará um aumento da necessidade de capital de giro e, por essa razão, os fluxos de caixa gerados precisarão ser reinvestidos até o final da vida útil do projeto a uma taxa de 10% ao ano, quando serão retirados. Nessas condições, deverá o analista ainda considerar viável o projeto de adquirir um braço mecânico para aumentar a velocidade de produção de sua fábrica de placas de circuito impresso para computadores? Por quê?

Como descrito, trata-se de verificar se a rentabilidade média será excessivamente destruída com os reinvestimentos dos fluxos de caixa a ponto de inviabilizar o projeto. Para calcular a TIR modificada, basta reaplicar cada fluxo de caixa até o final da vida útil do projeto pela taxa de reinvestimento informada, projetar um novo fluxo de caixa em que existem somente o investimento inicial e um único fluxo de retorno ao final do último período e calcular novamente a TIR. A figura 9 representa graficamente o procedimento para calcular a TIRM.

Figura 9
Visão gráfica do cálculo da TIRM do investimento no braço mecânico

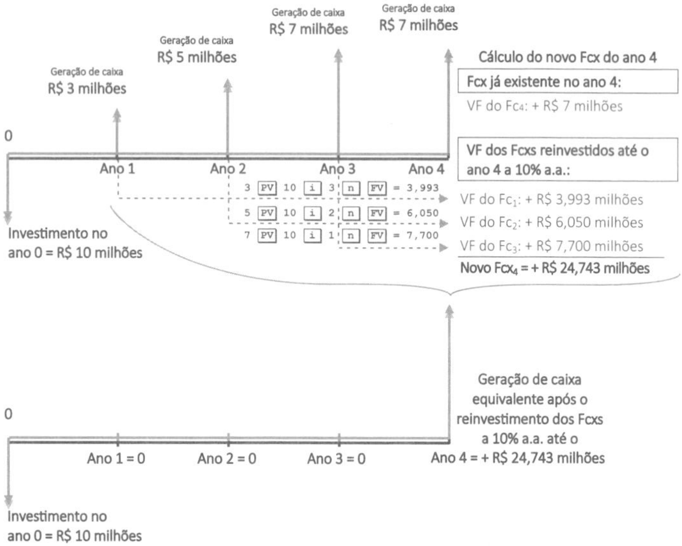

Note que os fluxos de caixa do ano 1 ao ano 3 foram transportados para o ano 4 mediante a aplicação de uma taxa de reinvestimento de 10% ao ano. Dessa forma, o fluxo de caixa do ano 4, que antes era de R$ 7 milhões, passou a ser de R$ 24,743 milhões, porém nos anos 1, 2 e 3 os fluxos de caixa se tornariam nulos. Nesse sentido, basta agora calcular a TIR do novo fluxo de caixa gerado, e o resultado apurado será a taxa interna de retorno modificada (TIRM). Na calculadora HP-12c, os passos são os seguintes:

← É sempre recomendável limpar as memórias antes de iniciar um novo cálculo.

← Insere o investimento (negativo) no fluxo PV de caixa 0 (inicial).

← Insere o fluxo de caixa do ano 1 igual a 0 (zero).

← Informa que são três fluxos de caixas iguais a "0" (ano 1, ano 2 e ano 3).

← Insere o novo fluxo de caixa do ano 4.

← Aparece a TIR = 25,42%, que no caso, passa a se chamar a TIRM.

Como o fluxo de caixa se tornou um fluxo de caixa simples, ou seja, apresenta apenas um fluxo de caixa de investimento e um fluxo de caixa de retorno, ao final do projeto, o cálculo da TIR, no caso a TIRM, poderá ser encontrado na HP-12c também da seguinte forma:

← É sempre recomendável limpar as memórias antes de iniciar um novo cálculo.

← Insere o investimento (negativo) no valor presente.

← Insere o fluxo de caixa do ano 4 como valor futuro.

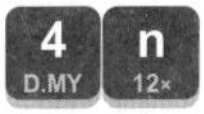

← Insere o número de períodos do fluxo de caixa.

← Aparece a TIR =25,42% que, no caso, passa a se chamar a TIRM.

Observe que as duas formas mostradas exigem que o analista já tenha calculado o novo valor do fluxo de caixa 4 para que possa ser inserido no fluxo de caixa, porém ainda existe mais uma forma de calcular a TIRM a partir dos fluxos de caixa originais de maneira mais dinâmica, mas isso exigirá um pouco mais de técnica. Os passos na HP-12c são os seguintes:

1) Trazer ao valor presente todos os fluxos de caixa gerados com o uso da função "f" "NPV" da calculadora *sem inserir* o investimento no "g" "Cfo", utilizando a taxa de reinvestimento; *não a TMA*.
2) Posteriormente transportar o valor encontrado no presente para o valor futuro (último período da vida útil do projeto).
3) Inserir o valor do investimento no valor presente e pressionar a tecla .

Para o caso em análise, os passos na calculadora são os seguintes:

← É sempre recomendável limpar as memórias antes de iniciar um novo cálculo.

← Insere o fluxo de caixa do ano 1 (positivo).

← Insere o fluxo de caixa do ano 2 (positivo).

← Insere o fluxo de caixa do ano 3 (positivo).

ou

← Informa que são dois fluxos no valor de 7 (ano 3 e ano 4).

← Insere a taxa de reinvestimento dos fluxos de caixa.

← Valor de todos os fluxos de caixa, já somados, no presente.

← Insere o número de períodos do fluxo de caixa entre o valor presente e o valor futuro.

← Aparece o valor futuro dos fluxos de caixa equivalente no ano 4 (negativo).

← Adiciona o investimento no valor presente (positivo porque o FV resultou negativo).

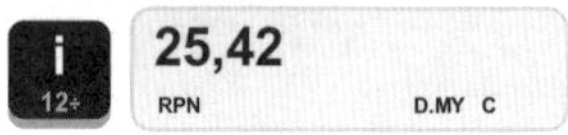

← Aparece a TIR =25,42%, que, no caso, passa a se chamar TIRM.

Observe que, com o procedimento mostrado, o cálculo do valor futuro acumulado dos fluxos de caixa resultou em um valor negativo (– R$ 24,743). Nesse caso, basta colocar no valor presente o investimento com sinal positivo para que haja a inversão do sinal e permita que a HP-12c calcule a taxa de retorno adequadamente.

Como a TIRM resultou em 25,42% ao ano, a intepretação do resultado aplicada ao caso deve ser de que mesmo o projeto perdendo a capacidade de gerar fluxos de caixa intermediários, em razão da necessidade de reinvestimentos, a aquisição do braço mecânico ainda se mostra viável, uma vez que a taxa interna de retorno modificada (TIRM = 25,42% ao ano) resultou ser maior que a taxa mínima de atratividade do projeto (TMA = 15,20% ao ano). Note que a rentabilidade média do projeto, sem a necessidade de reinvestimento dos fluxos, tinha resultado em uma TIR = 34,56% ao ano e que a TIRM calculada resultou em uma rentabilidade média bem menor (TIRM = 25,42% ao ano).

A interpretação é que com os reinvestimentos dos fluxos houve destruição de riqueza; contudo, ainda assim, o projeto se mantém viável, por manter uma rentabilidade média, considerando toda a vida útil do projeto, superior à taxa mínima de rentabilidade exigida pelos investidores.

Payback simples (PS)

Segundo Assaf Neto (2019), o *payback* simples ou simplesmente *payback* é o termo utilizado em análise de investimento para especificar o tempo em que os fluxos de caixa gerados por um projeto são capazes de devolver integralmente o capital investido. Em outras palavras, o *payback period*, que em português significa período de retorno, é o tempo entre o momento do investimento e o momento em que os fluxos de caixa acumulados se igualam ao valor investido.

O cálculo do *payback* simples consiste basicamente em ir subtraindo os fluxos de caixa gerados por um projeto, período a período, do investimento inicialmente realizado, a fim de verificar o momento em que fluxos de caixa acumulados terão a capacidade de devolver todo o capital nele investido.

O método de análise de investimentos baseado no período de *payback* é recomendado para a verificação de projetos de investimentos que tenham uma vida útil preestabelecida ou que se sujeitem a fortes consequências decorrentes da inovação, seja tecnológica, seja de processo ou até mesmo de padrões de consumo. Em outras palavras, o investidor deverá se perguntar por quanto tempo acredita-se que se poderá sustentar a atividade que está sob análise e, posteriormente, verificar se os fluxos de caixa gerados e acumulados até esse momento serão capazes de devolver integralmente o capital investido. Por essa razão, o período de *payback* auxilia também na avaliação do risco de investimento em projetos que podem sofrer fortes impactos decorrentes da inovação tecnológica ou nos padrões de consumo.

Comparando o período de *payback* simples apurado para determinado projeto de investimento com o prazo máximo de retorno exigido pelos investidores, os resultados possíveis são: (*payback* simples > prazo máximo de retorno); (*payback* simples < prazo máximo de retorno); ou (*payback* simples = prazo máximo de retorno). As interpretações possíveis para cada resultado são as seguintes:

- *(Payback simples > prazo máximo de retorno). Payback* simples maior que o prazo máximo de retorno exigido pelos investidores evidencia que o projeto não possui capacidade de devolver todo o capital investido dentro do tempo máximo exigido pelos investidores e, por essa razão, deverá ser descartado. Caso o mesmo projeto resulte uma (TIR > TMA) e um (VPL > 0), a interpretação pode ser complementada, verificando-se que, mesmo o investimento sendo lucrativo, considerando toda a vida útil do projeto, existe significativo risco de ele se tornar inviável por sua lucratividade ou rentabilidade a depender dos fluxos de caixa posteriores ao prazo máximo de retorno exigido pelos investidores e que, naturalmente, possuem menor confiabilidade de se concretizar.
- (*Payback* simples < prazo máximo de retorno). *Payback* simples menor que o prazo máximo de retorno exigido pelos investidores evidencia que o projeto possui capacidade de devolver todo o capital investido dentro do tempo máximo exigido pelos investidores e, por essa razão, deverá ser considerado viável. Caso o mesmo projeto resulte uma (TIR < TMA) e um (VPL < 0), a interpretação pode ser modificada, verificando-se que, mesmo o investimento possuindo a capacidade de devolver todo o capital investido antes do prazo máximo exigido pelos investidores, a rentabilidade exigida para o projeto não foi alcançada e, por essa razão, o projeto deverá ser descartado.
- *(Payback simples = prazo máximo de retorno). Payback* simples igual ao prazo máximo de retorno exigido pelos investidores evidencia que o projeto devolverá todo o capital investido exatamente no tempo máximo exigido por eles e, por essa razão, poderá ser aceito. Caso o mesmo projeto resulte uma (TIR < TMA) e um (VPL < 0), a interpretação pode ser

modificada, verificando-se que, mesmo o projeto possuindo a capacidade de devolver todo o capital investido no prazo máximo exigido pelos investidores, a rentabilidade exigida para o investimento não foi alcançada e, por essa razão, o projeto deverá ser descartado.

A exemplificação do método de análise de investimentos baseado no cálculo do *payback* simples será realizada a partir do exemplo anteriormente descrito para exemplificar o cálculo do VPL, conforme segue:

Questão-chave do (PS). Os analistas da Empresa Fictícia Tecnologia S.A. acreditam que o mercado de placas de circuito impresso para computadores não deve sofrer fortes impactos decorrentes de inovação nos próximos três anos, mas que após esse prazo seja possível que aconteça. Logo, pretende-se aproveitar o momento para aumentar a participação de mercado, desde que os investimentos realizados para isso não possuam um período de *paypack* simples superior a 36 meses. Sabendo que o método de análise de investimentos aplicado é o cálculo do período de *payback* simples (PS), deverá o analista da Empresa Fictícia Tecnologia S.A. considerar viável o projeto de adquirir um braço mecânico para aumentar a velocidade de produção de sua fábrica de placas de circuito impresso para computadores? Por quê?

Como descrito, para o cálculo do período de *payback* simples, basta acumular os fluxos de caixa de um determinado projeto de investimento e verificar o momento em que o capital investido é integralmente devolvido. A demonstração aplicada ao caso será apresentada no quadro 27.

Quadro 27

Fluxos de caixa projetado para o investimento no braço mecânico (PS)

Períodos / Descrição	Investimentos (Ano 0)	Geração de Caixa (Ano 1)	Geração de Caixa (Ano 2)	Geração de Caixa (Ano 3)	Geração de Caixa (Ano 4)
Fluxos de caixa	- R$ 10 milhões	+ R$ 3 milhões	+ R$ 5 milhões	+ R$ 7 milhões	+ R$ 7 milhões
Fcx. acumulados	- R$ 10 milhões	- R$ 7 milhões	- R$ 2 milhões	+ R$ 5 milhões	+ R$ 12 milhões
Payback simples				(PS < 3 anos)	

Note que no ano 3 o fluxo de caixa acumulado torna-se positivo, indicando que acumulando os recebimentos dos fluxos de caixa até o ano 3, o capital investido já foi integralmente devolvido; logo, o período de *payback* simples é menor que três anos, ou 36 meses, que no caso é o prazo máximo de retorno do capital exigido pelos investidores. Por essa razão, pela ótica do *payback* simples, o projeto deverá ser considerado viável.

O cálculo do período de *payback* simples pode se tornar um pouco mais refinado caso o analista verifique que os fluxos de caixa acumulados até o prazo máximo de retorno exigido pelos investidores resultaram em um valor positivo e muito alto. Poderá então esse analista calcular a fração necessária do último fluxo de caixa para terminar de devolver integralmente o capital investido e verificar o momento mais provável em que isso ocorre. Para tanto, basta proceder da seguinte forma:

1) Verifica-se o valor do fluxo de caixa acumulado até o ano exatamente anterior ao ano em que o período de *payback* simples acontece e divide-se pelo fluxo de caixa gerado exatamente no ano em que o período de *payback* simples ocorre. O resultado encontrado será a fração do fluxo de caixa do ano em que o *payback* simples acontece, necessária para terminar de retornar integralmente o investimento realizado. Essa fração corresponderá também a uma previsão da fração de tempo necessária do ano. O resultado dessa equação aplicada ao caso em análise é o seguinte: 0,28 ao ano, uma vez que (R$ 2 milhões ÷ R$ 7 milhões) = 0,28. Até aqui, o resultado do período de *payback* simples passa a ser: 2,28 anos, pois (2 anos + 0,28 ano) = 2,28.
2) Caso o analista deseje calcular o período de *payback* simples expresso em meses, bastará multiplicar o valor encontrado em anos por 12. No caso em questão, o resultado será de 27,36 meses, pois (2,28 anos × 12 meses) = 27,36 meses. Como a viabilidade com base no período de *payback* simples somente se verifica se o retorno total ocorrer, buscando o analista arredondar o valor encontrado, deverá fazê-lo para mais, ou seja, como no caso o resultado apurado foi de 27,36 meses, ao arredondar para cima, o valor considerado deverá ser de 28 meses, e não 27.

Embora o cálculo de seu período se apresente de fácil aplicação e compreensão, o *payback* simples possui uma limitação importante, que é a de não considerar o valor do dinheiro no tempo. Para corrigir essa falha, surgiu o *payback* descontado, que nada mais é que o cálculo do *payback* já apresentado, porém considerando os fluxos de caixa projetados pelo seu equivalente no presente. Esse método será apresentado na sequência.

Payback descontado (PD)

O método de análise de investimentos baseado no período de *payback* descontado é uma inovação do método de análise de investimento baseado no período de *payback* simples. Segundo Assaf Neto (2019), o cálculo do *payback* descontado obedece ao mesmo princípio: verificar o momento em que os fluxos de caixa acumulados serão capazes de devolver integralmente os investimentos realizados; contudo, no caso do *payback* descontado, os fluxos de caixa deverão ser computados pelo seu valor equivalente no presente, devidamente descontados pela taxa mínima de atratividade do investimento. Por essa razão, o período de *payback* descontado mostra quanto tempo é necessário para que um determinado projeto devolva o capital investido devidamente remunerado pela rentabilidade mínima exigida pelos investidores. Comparando o período de *payback* descontado apurado para determinado projeto de investimento com o prazo máximo de retorno exigido pelos investidores, os resultados possíveis são: (*payback* descontado > prazo máximo de retorno); (*payback* descontado < prazo máximo de retorno); ou (*payback* descontado = prazo máximo de retorno). As interpretações possíveis para cada resultado são as seguintes:

- *(*Payback *descontado > prazo máximo de retorno). Payback* descontado maior que o prazo máximo de retorno exigido pelos investidores evidencia que o projeto não possui capacidade de remunerar devidamente o capital investido pela taxa mínima de atratividade do projeto e ainda devolvê-lo para o investidor dentro do tempo máximo exigido por ele e, portanto, deverá ser descartado. Caso o mesmo projeto resulte em uma (TIR > TMA) e um (VPL > 0), a interpretação pode ser complementada, verificando que mesmo que o investimento se apresente lucrativo, considerando toda a vida útil do projeto, existe significativo risco de ele se tornar inviável em razão de a lucratividade ou rentabilidade depender dos fluxos de caixa posteriores ao prazo máximo de retorno exigido pelos investidores e que, naturalmente, possuem menor confiabilidade de se concretizar.

- (Payback *descontado < prazo máximo de retorno). Payback* descontado menor que o prazo máximo de retorno exigido pelos investidores evidencia que o projeto possui capacidade de remunerar devidamente o capital investido pela taxa mínima de atratividade do projeto e ainda devolvê-lo para o investidor dentro do tempo máximo exigido por ele e, portanto, será considerado viável. Nesse caso, necessariamente a (TIR > TMA) e o (VPL > 0), o que reforça o entendimento de que se trata de um projeto de investimento viável.
- (Payback *descontado = prazo máximo de retorno). Payback* descontado igual ao prazo máximo de retorno exigido pelos investidores evidencia que o projeto possui capacidade de remunerar adequadamente o capital investido pela taxa mínima de atratividade exigida para o investimento e ainda devolvê-lo integralmente para o investidor exatamente no prazo máximo exigido por ele e, por isso, será considerado viável. Nesse caso, necessariamente, a (TIR > TMA) e o (VPL > 0), o que reforça o entendimento de que se trata de um projeto de investimento viável.

Para melhor comparar os efeitos do *payback* descontado, a exemplificação do método será realizada a seguir com base no mesmo exemplo utilizado para ilustrar o cálculo do *payback* simples.

Questão-chave do (PD): Os analistas da Empresa Fictícia Tecnologia S.A. acreditam que o mercado de placas de circuito impresso para computadores não deve sofrer fortes impactos decorrentes de inovação nos próximos três anos, mas que após esse prazo seja possível que aconteça. Logo, pretende-se aproveitar o momento para aumentar a participação de mercado, desde que os investimentos necessários para isso não possuam um período de *payback* descontado superior a 36 meses. Sabendo que o método de análise de investimentos aplicado é o cálculo do período de *payback* descontado (PD), deverá o analista da Empresa Fictícia Tecnologia S.A. considerar viável o projeto de adquirir um braço mecânico para aumentar a velocidade de produção de sua fábrica de placas de circuito impresso para computadores? Por quê?

Como descrito, para o cálculo do período de *payback* descontado, basta calcular o valor presente de cada um dos fluxos de caixa projetados para o investimento, acumulá-los e verificar o momento em que o capital investido é integralmente devolvido. Como o valor presente (descontada a TMA de 15,20% ao ano) de cada um dos fluxos de caixa do projeto em análise já foi calculado no momento da demonstração do cálculo do VPL, serão agora consolidados no quadro 28, que nos traz a demonstração do cálculo do *payback* descontado.

Quadro 28
Fluxos de caixa projetados para o investimento no braço mecânico (PD)

Períodos / Descrição	Investimentos (Ano 0)	Geração de Caixa (Ano 1)	Geração de Caixa (Ano 2)	Geração de Caixa (Ano 3)	Geração de Caixa (Ano 4)
Fluxos de caixa	- R$ 10 milhões	- R$ 3 milhões	- R$ 5 milhões	- R$ 7 milhões	- R$ 7 milhões
Fcx. descontados	- R$ 10 milhões	- R$ 2,604 milhões	- R$ 3,768 milhões	- R$ 4,579 milhões	- R$ 3,974 milhões
Fcx. desc. acumulados	- R$ 10 milhões	- R$ 7,396 milhões	- R$ 3,628 milhões	+ R$ 0,951 milhões	+ R$ 4,925 milhões
Payback descontado				(PD < 3 anos)	

Note que no ano 3 o fluxo de caixa descontado acumulado torna-se positivo, indicando que acumulando os recebimentos dos fluxos de caixa descontados até o ano 3, além de remunerar adequadamente os investimentos, o capital investido já foi integralmente devolvido; logo, o período de *payback* descontado é menor que três anos, ou 36 meses, que no caso é o prazo máximo de retorno do capital exigido pelos investidores. Por essa razão, o projeto deverá ser considerado viável pela ótica do *payback* descontado.

Da mesma forma que para o *payback* simples, o cálculo do *payback* descontado pode se tornar um pouco mais refinado caso o analista verifique que os fluxos de caixa acumulados até o prazo máximo de retorno exigido pelos investidores resultaram em um valor positivo e muito alto. Nesse caso, poderá calcular a fração necessária do último fluxo de caixa para terminar de devolver integralmente o capital investido e verificar o momento mais provável em que isso ocorre. Para isso, basta proceder da seguinte forma:

- Verificar o valor do fluxo de caixa acumulado até o ano imediatamente anterior ao ano em que o período de *payback* descontado acontece e dividir o valor pelo fluxo de caixa gerado exatamente no ano em que o período de *payback* descontado ocorre. O resultado encontrado será a fração do fluxo de caixa do ano em que o *payback* descontado acontece necessária para terminar de retornar integralmente o investimento realizado. Essa fração corresponderá também a uma previsão da fração de tempo necessária do ano. O resultado dessa equação aplicada ao caso em análise é a seguinte: 0,79 ano, uma vez que (R$ 3,628 milhões ÷ R$ 4,579 milhões) = 0,79. Até aqui o resultado do período de *payback* descontado passa a ser: 2,79 anos, pois (2 anos + 0,79 ano) = 2,79.
- Caso o analista deseje calcular o período de *payback* descontado expresso em meses, bastará multiplicar o valor encontrado em anos por 12. No caso, o resultado será de 33,48 meses,

pois (2,79 anos × 12 meses) = 33,48 meses. Da mesma forma que para *payback* simples, o valor deverá ser arredondado para mais, resultando em 34 meses.

Enquanto o *payback* simples representa o tempo que determinado projeto de investimento leva para devolver todo o capital investido, o *payback* descontado representa o tempo que determinado projeto de investimento leva para devolver o capital investido e ainda rentabilizar adequadamente todo o investimento.

Índice de lucratividade (IL)

Segundo Assaf Neto (2016a:391), "o índice de lucratividade (IL), ou índice de valor presente, é uma variante do método do NPV: é determinado por meio da divisão do valor presente dos benefícios líquidos de caixa pelo valor presente dos dispêndios (desembolso de capital)". O índice de lucratividade é calculado da seguinte forma:

$$IL = \frac{\text{Valor presente dos fluxos de caixa gerados após o investimento inicial}}{\text{Investimento inicial}}$$

O índice de lucratividade indica quanto de retorno o projeto em análise é capaz de gerar para cada unidade de capital investido. Os resultados possíveis são: (IL >1); (IL < 1) e (IL = 1). As interpretações possíveis para cada resultado são as seguintes:

- *(IL > 1).* Índice de lucratividade maior que 1 evidencia que o projeto é capaz de retornar todo o capital investido, remunerar adequadamente o investimento e ainda gerar um excedente de retorno. Por essa razão, o projeto deverá ser considerado viável. No caso do IL > 1, necessariamente o VPL > 0 e a TIR > TMA.
- *(IL < 1).* Índice de lucratividade menor que 1 evidencia que o projeto não é capaz de retornar todo o capital investido e

ainda remunerar adequadamente o investimento. Por essa razão, o projeto deverá ser considerado inviável. No caso do IL < 1, necessariamente o VPL < 0 e a TIR < TMA.

- *(IL = 1).* Índice de lucratividade igual a 1 evidencia que o projeto é capaz de retornar exatamente todo o capital investido e ainda remunerar adequadamente o investimento realizado. Nesse sentido, o projeto poderá ainda ser considerado viável, uma vez que devolve o capital devidamente majorado pela rentabilidade exigida, não gerando riqueza adicional, mas também não sendo insuficiente. No caso do IL = 1, necessariamente o VPL = 0 e a TIR = TMA.

A exemplificação do método de análise de investimentos baseado no cálculo do índice de lucratividade será realizada a partir do mesmo exemplo utilizado anteriormente para evidenciar todos os outros métodos de avaliação de projetos de investimentos, conforme segue.

Questão-chave do IL: Sabendo que o método de análise de investimentos aplicado é o cálculo do índice de lucratividade (IL), deverá o analista da Empresa Fictícia Tecnologia S.A. considerar viável o projeto de adquirir um braço mecânico para aumentar a velocidade de produção de sua fábrica de placas de circuito impresso para computadores? Por quê?

Para a verificação da viabilidade aplicando o método de cálculo do índice de lucratividade, basta calcular o valor presente de cada um dos fluxos de caixa futuros projetados após o investimento inicial e dividir pelo investimento inicial. Algebricamente, os cálculos são:

$$IL = (VP_{do\ Fcx\ 1} + VP_{do\ Fcx\ 2} + VP_{do\ Fcx\ 3} + VP_{do\ Fx\ 4}) \div Investimento$$

$$IL = \left(\frac{Fcx_1}{(1+i)^1} + \frac{Fcx_2}{(1+i)^2} + \frac{Fcx_3}{(1+i)^3} + \frac{Fcx_4}{(1+i)^4}\right) \div Investimento$$

$$IL = \left(\frac{3}{(1+0{,}1520)^1} + \frac{5}{(1+0{,}1520)^2} + \frac{7}{(1+0{,}1520)^3} + \frac{7}{(1+0{,}1520)^4}\right) \div 10$$

$$IL = \left(\frac{3}{1{,}1520} + \frac{5}{1{,}3271} + \frac{7}{1{,}5288} + \frac{7}{1{,}7612}\right) \div 10$$

$$IL = (2{,}604 + 3{,}768 + 4{,}579 + 3{,}974) \div 10$$

$$IL = 14{,}925 \div 10 \therefore IL = +1{,}4925\ (IL\ maior\ do\ que\ 1)$$

Como o resultado do IL foi maior que 1, significa dizer que o projeto em análise possui capacidade de devolver todo o capital aplicado, rentabilizar adequadamente o investimento e ainda gerar lucro excedente para cada unidade de capital investido. Portanto, a aquisição do braço mecânico para aumentar a velocidade de produção da fábrica deverá ser considerada viável.

O cálculo do IL pode ser otimizado mediante o uso da função "NPV" da calculadora HP-12c. Os passos são os seguintes:

Teclas	
[f] [CLX]	← É sempre recomendável limpar as memórias antes de iniciar um novo cálculo.
[3] [g] [PMT CFj]	← Insere o fluxo de caixa do ano 1 (positivo).
[5] [g] [PMT CFj]	← Insere o fluxo de caixa do ano 2 (positivo).
[7] [g] [PMT CFj]	← Insere o fluxo de caixa do ano 3 (positivo).
[7] [g] [PMT CFj] ou [2] [g] [FV Nj]	← Informa que são dois fluxos no valor de 7 (ano 3 e ano 4).
[1] [5] [.] [2] [i]	← Insere a taxa de rentabilidade desejada (taxa de desconto).
[f] [PV CFo] → 14,9250	← Aparece o valor presente dos fluxos de caixa.
[1] [0] [÷] → 1,4925	← Divide o valor presente pelo investimento. (IL = 1,4925).

Observe que no procedimento descrito não foi inserido o valor do investimento na variável "Cfo" e, por consequência, ao acionar a função "NPV", o valor resultante representará apenas o valor equivalente no presente dos fluxos de caixa gerados após o investimento, e não o VPL do projeto, bastando, na sequência, dividir o valor encontrado pelo investimento realizado. Após verificado o valor presente dos fluxos de caixa futuros, enquanto o VPL resulta da subtração do investimento o IL é resultado da divisão por ele.

Neste capítulo foi demonstrado como estruturar um fluxo de caixa de uma decisão financeira e os principais métodos de análise de projetos de investimentos.

No próximo capítulo, vamos abordar as diferenças entre contabilidade gerencial e contabilidade financeira e estudar os conceitos e classificação de custos e a aplicação dos métodos de custeio na prática.

4
Contabilidade gerencial

O objetivo deste capítulo é apresentar a contabilidade gerencial como uma ferramenta importante na gestão das empresas. Para isso, vamos apresentar a diferença entre a contabilidade financeira, que realiza o controle do patrimônio, apuração dos resultados e tributos, e a contabilidade gerencial, utilizada para tomada decisão por meio do planejamento financeiro, gestão de custos, preparação de orçamentos de produção, aceitar ou rejeitar pedidos especiais.

A contabilidade gerencial é dinâmica e abrange vários conhecimentos. O aspecto mais importante é a gestão de custos para a tomada de decisão. Para tanto, vamos estudar os principais conceitos e classificação de custos, bem como os métodos de custeio para precificação e tomada de decisão.

Contabilidade financeira *versus* contabilidade gerencial

No primeiro capítulo conceituamos a contabilidade como a ciência que tem por objeto o estudo do patrimônio, suas variações em cada período contábil. O registro contábil de todas as movimentações financeiras de uma organização gera, na contabilidade, um grande banco de dados, com o histórico de todas as suas operações. A grande importância estratégica desse banco é que a partir dele extraímos os demonstrativos financeiros e de gestão. Naquele momento já deixamos claro que temos uma contabilidade financeira, cujo foco é dar principalmente informações ao público externo, e uma contabilidade gerencial, que apresentaria os relatórios para a gestão, ou seja, para o público interno da organização.

Na realidade, a separação em dois públicos é para demonstrar que os usuários são diferentes, apresentam interesses e necessidades, perspectivas e expectativas de utilização distinta em relação às informações contábeis. Os dois grupos utilizarão a contabilidade como uma fonte de informações no processo decisório, mas, não da mesma maneira. Uma boa forma de diferenciar esses dois públicos é olhar para o portão da empresa, ou seja, do portão para dentro temos os usuários internos e do portão para fora os usuários externos. Os interesses são distintos. A contabilidade para o público externo é denominada contabilidade financeira. São eles os governos municipal, estadual e federal, acionistas, gestores de fundos, fornecedores, bancos. A contabilidade para o público interno é denominada gerencial. Seu foco é suprir de informações os usuários internos dentro das necessidades de cada nível hierárquico e demandas específicas com relatórios customizados, utilizando a base de dados da contabilidade. O público interno utiliza tanto a contabilidade financeira quanto a contabilidade gerencial e tem acesso às informações em maior profundidade do que o público externo.

Elas têm características e evolução distintas. A contabilidade financeira, depois dos escândalos financeiros da Enron e WordCom em 2002, passou por uma enorme crise de credibilidade, em decorrência dos questionamentos sobre seu potencial de respostas às demandas do público externo (Peters, 2007).

Já a contabilidade gerencial não é afetada por esses acontecimentos. A pressão que sofre é com relação à agilidade e utilidade das respostas e intensas demandas dos gestores em gerar novas informações úteis à tomada de decisões.

Assim, podemos demonstrar, no quadro 29, as principais características da contabilidade financeira e da contabilidade gerencial, destacando a clientela, propósito, restrições entre outras que devemos observar.

Quadro 29
Contabilidade financeira x contabilidade gerencial

Características básicas das contabilidades financeira e gerencial		
	Contabilidade financeira	**Contabilidade gerencial**
Clientela	Externa: acionistas, credores, autoridades tributárias.	Interna: funcionários, administradores, executivos.
Propósito	Reportar o desempenho passado às partes externas; contratos com proprietários e credores.	Informar decisões internas tomadas pelos funcionários e gerentes; *feedback* e controle sobre desempenho operacional; contratos com proprietários e credores.
Data	Histórica, atrasada.	Atual, orientada para o futuro.
Restrições	Regulamentada: dirigida por regras e princípios fundamentais da contabilidade e por autoridades governamentais.	Desregulamentada: sistemas e informações determinadas pela administração para satisfazer necessidades estratégicas e operacionais.
Tipo de Informação	Somente para mensuração financeira.	Mensuração física e operacional dos processos, tecnologia, fornecedores e competidores.
Natureza da informação	Objetiva, auditável, confiável, consistente, precisa.	Mais objetiva e sujeita a juízo de valor, válida, relevante, acurada.
Escopo	Muito agregada, reporta toda a empresa.	Desagregada, informa as decisões e ações locais.

Fonte: Atkinson et al. (2000:38).

Diante do que apresentamos, podemos dizer que o limite entre a contabilidade gerencial e a financeira é uma linha tênue, pois em diversos momentos há uma confluência entre ambas.

O mais importante para o gestor da empresa não é saber fazer os lançamentos contábeis e as demonstrações financeiras obrigatórias da contabilidade financeira, mas interpretar indicadores e elaborar relatórios, apresentando os pontos fortes e fracos do processo operacional e financeiro da empresa, que apontem alternativas para análise e tomada de decisão.

Portanto, a contabilidade gerencial utiliza-se de diversos campos do conhecimento, como a própria contabilidade financeira, gestão de custos, como também, na administração, o planejamento estratégico, a estrutura organizacional, a microeconomia, entre outros. Por isso, vamos dar um destaque especial à gestão de custos, que representa uma área da contabilidade gerencial importante para a precificação, preparação de orçamentos e maximização dos resultados da empresa.

Gestão de custos

A globalização está caracterizada por um mercado dinâmico, turbulento e de grandes avanços tecnológicos com um ambiente de alta competitividade que impele as empresas a adotarem modernas estratégias e ferramentas de gestão.

A competitividade de uma empresa está na sua maior ou menor habilidade em estabelecer uma estratégia, estruturar sua cadeia de valores de forma condizente com sua realidade e, principalmente, gerenciar de forma eficaz os fatores relacionados aos seus custos. Assim elas buscam otimizar os processos de maneira a atingir melhor desempenho com um menor custo. Isso tem representado ganhos de produtividade e competitividade na fabricação e venda dos seus produtos e serviços.

Para chegar a esses ganhos, as empresas começaram a controlar melhor os custos, diminuindo as perdas, ociosidades e desperdícios, passando a ter conhecimento mais preciso de seus custos. Um dos fatores-chave de sucesso nas empresas é a gestão dos custos, que identifica, analisa, planeja e controla como estão sendo alocados os custos. A gestão do processo de custeio, ou seja, a gestão dos custos, se tornou importante na identificação e controle dos gastos, impulsionando o crescimento da produtividade, melhoria na determinação de preços e investimentos e ainda melhoria contínua de todo o processo produtivo (Maher, 2001).

Quando falamos em gestão de custos, muitos pensam somente na redução dos custos de produção com o objetivo de poder praticar preços baixos e ganhar mercado. É importante destacar que, com os avanços tecnológicos, competir somente por preços já não é suficiente.

Surge então a gestão estratégica de custos como uma ferramenta para dinamizar o processo de melhoria contínua e criação de valor. Assim, podemos analisar não apenas os processos que agregam valor ao seu produto ou serviço, mas à cadeia de produção como um todo. Fazer a gestão dos custos com foco estratégico torna os processos produtivos mais eficientes, eleva a lucratividade do negócio, pois estamos falando de todos os valores, tangíveis e intangíveis, que estão presentes no produto ou serviço que a empresa disponibiliza ao mercado. Os valores percebidos pelos clientes ou a experiência de consumo que ele tem com seu produto ou serviço podem trazer um diferencial, permitindo uma rentabilidade maior que a obtida por seus concorrentes.

Porém para uma eficiente gestão estratégica de custos é importante que o gestor tenha a compreensão dos conceitos básicos relacionados à contabilidade gerencial na área de custos. Na literatura contábil, encontramos interpretações que podem nos levar a diferentes entendimentos dos fatores que sejam classificáveis como gastos, custos, despesas, investimentos, perdas, ociosidade. Assim, para fins gerenciais, neste livro adotamos as definições que abordaremos a seguir.

Conceitos fundamentais de custos

Quando questionamos um empresário se ele sabe exatamente quanto custa cada item que produz ou serviço que presta, poucos sabem responder. Questão preocupante, já que ter esse conhecimento é essencial para fazer uma gestão estratégica dos custos.

Para darmos continuidade, vamos resgatar alguns conceitos que são importantíssimos para fazer uma gestão de custos eficiente, segundo a visão de Martins (2010).

Gastos

Transações financeiras para obtenção de um produto ou serviço qualquer. Essas transações são representadas por entrega ou promessa de entrega de ativos. Esse é um conceito amplo e se aplica a todos os bens e serviços recebidos. Como exemplos, temos: gastos com a compra de matérias-primas; gastos com a força de trabalho, tanto de vendas quanto da produção; gastos com remuneração da diretoria; gastos na compra de um equipamento. Por ser um conceito amplo e para melhor entender os gastos, eles são classificados como: investimento, custo, despesa, perda.

Investimentos

São os gastos que beneficiarão períodos futuros em função da sua vida útil. Todos os recursos consumidos para aquisição de bens ou serviços que são estocados nos ativos da empresa para baixa, depreciação ou amortização, quando de seu consumo, sua venda, seu desaparecimento, inutilidade ou sua desvalorização são chamados de investimentos.

Podem ter períodos de ativação variados e de diversas naturezas, como: os materiais de produção são gastos lançados temporariamente como investimento circulante em estoque; os equipamentos e instalações são gastos que representam um investimento permanente que sofrerá depreciação pelo uso ou obsolescência; as ações adquiridas de outras organizações são gastos que, dependendo da motivação da aquisição, serão classificados como circulantes ou investimentos.

Os gastos classificados como investimentos devem ser ativados, em consonância com o regime de competência que estudamos no capítulo 1, por gerarem benefícios em períodos futuros.

Custo

Gasto com bens ou serviços consumidos no processo de produção de outros bens e serviços.

É importante destacar que para se transformar em custo, um gasto terá de ser consumido no processo de produção dos bens e serviços. Então, a matéria-prima, enquanto no estoque, representa um investimento circulante que se transformará em custo quando de seu consumo na produção do bem. Este bem fabricado, por sua vez, passa a ser um novo investimento circulante da empresa enquanto permanecer no estoque de produtos acabados até sua venda. Existem gastos, como a energia elétrica, que no momento do consumo na produção é contabilizada como custo sem transitar por investimento, como ocorreu com a matéria-prima. Já os gastos com equipamentos, na sua aquisição, se transformam em investimentos e, em seguida, são agregados aos custos dos produtos fabricados obedecendo à taxa de depreciação e à vida útil.

Despesa

Gasto relativo a bens e serviços consumidos direta ou indiretamente para obtenção de receitas de forma voluntária. Ou seja, gastos não correlacionados com atividades da produção de bens e serviços. Essas atividades são classificadas como despesas comerciais, despesas administrativas e despesas financeiras. Podemos citar como exemplos: a comissão do vendedor, salários do pessoal administrativo, despesas com juros de empréstimos.

Desembolso

Representa o pagamento pela aquisição do bem ou serviço. É importante destacar que os gastos podem ser realizados com pagamentos feitos de forma antecipada, à vista ou a prazo. O valor e o momento, ou a data do desembolso, são fundamentais para a preparação do fluxo de caixa gerencial.

Perda

Gasto com bens ou serviços consumidos em situações excepcionais de forma anormal e involuntária, sem nada a ver com as operações. Esses gastos não são operacionais e, portanto, não fazem parte dos custos dos produtos. Não podemos confundi-los com as despesas e muito menos com os custos, exatamente por causa da anormalidade e involuntariedade. O gasto com a força de trabalho no período de greve deve ser reconhecido como uma perda, não como um custo de produção. O material no estoque que se estraga deve ser reconhecido como perda e não como custo, pois não podemos apropriar como custo essas anormalidades e, portanto, acabar por ativar um valor dessa natureza. São eles eventos ocasionais e indesejados que geram perdas de ativos por incêndio, furto, inundação, greve.

Desperdícios

Podem ser custos ou despesas consumidos de forma não eficiente. Os desperdícios são gastos que não conseguem agregar valor para o cliente, mas foram consumidos na produção e afetam o custo final do produto. Como exemplos, podemos citar a ociosidade de máquinas e força de trabalho, produtos defeituosos, movimentação de recursos desnecessárias na produção. Aumentam o custo de produção, mas não podemos classifica-los como perdas e sim como desperdícios.

Classificação de custos quanto aos produtos

A classificação dos custos quanto aos produtos é apresentada por autores como Martins (2010) e Pinto (2018) como:

- *Custos diretos* – São os custos que conseguimos apropriar diretamente aos produtos ou serviços, pois temos uma medida do que foi consumido. A possibilidade de agregação direta dos custos está condicionada a medições objetivas por controles individuais, como requisições de materiais para a produção do bem, não necessitando de rateio. A força de trabalho de quem atua exclusivamente em um produto é direta, não precisa de rateio. A apropriação direta poderá ser a um produto ou serviço como também a uma linha de produtos.
- *Custos indiretos* – São os custos que contribuíram para toda a produção e não podem ser individualizados ou alocados de forma direta ao produto ou linha de produto. Sempre neces-

sitarão de critérios de rateios, que são estimativas utilizadas para distribuir os custos que não conseguimos, de forma objetiva e com segurança, atribuir a cada produto ou linha, pois foram consumidos por vários produtos ou linhas de produtos ao mesmo tempo. O aluguel da unidade fabril para ser atribuído como custo de todos os produtos ou serviços realizados dentro do mês necessitará de um critério de rateio.

Classificação dos custos quanto ao volume de produção

Custos fixos

São aqueles custos que independem do volume de produção. São os custos relacionados com a capacidade instalada da empresa, e seu valor fica inalterado se variar o volume de produção. No caso de uma empresa produzir 100 produtos ou 600 produtos no mês, o valor do aluguel não se altera; permanece fixo. Temos a representação gráfica dos custos fixos na figura 10. Nesse caso, não importa se a produção de janeiro foi somente 100 unidades e foi aumentando até junho quando alcançou 600 unidades – o valor do aluguel permanece fixo em R$ 5.000,00.

Figura 10
Volume de produção x custos fixos

	Produção em unidades	Valor aluguel – Custo fixo
Janeiro	100	5.000,00
Fevereiro	200	5.000,00
Março	300	5.000,00
Abril	400	5.000,00
Maio	500	5.000,00
Junho	600	5.000,00

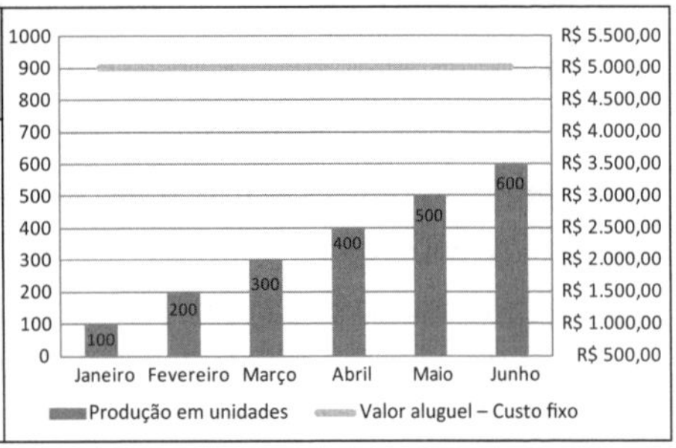

Destacamos também que as despesas poderão ser classificadas como despesas fixas. São todas as despesas administrativas, comerciais e financeiras que não variam com o volume de vendas. Um exemplo são os salários dos funcionários administrativos. Todo mês é o mesmo valor, independente do volume de vendas.

Os custos fixos não sofrem variação dentro da capacidade instalada. Exemplo: um equipamento possui um custo fixo de R$ 10.000,00 por mês e capacidade máxima de produção mensal de 1.000 produtos. Nesse caso, se tivermos que produzir 1.500 produtos, teremos de comprar outra máquina que vai gerar um custo de mais R$ 10.000,00 ao mês, aumentando a capacidade de produção com as duas máquinas para até 2.000 produtos por mês.

O valor unitário do custo fixo é calculado dividindo o custo fixo mensal pela quantidade produzida. Aumentando o volume de produção, temos um menor custo fixo unitário e quando diminuímos o volume de produção, teremos um aumento do custo fixo unitário. Observe o cálculo do custo fixo unitário no quadro 30.

Quadro 30

Cálculo do custo fixo unitário

Custo fixo mensal (R$)	Volume de produção	Custo fixo unitário (R$)
10.000,00	100	100,00
	200	50,00
	400	25,00
	500	20,00
	800	12,50
	1.000	10,00

Note como o custo fixo unitário que será atribuído a cada produto vai depender do volume de produção. O custo fixo unitário poderá ser R$ 100,00 ou R$ 10,00 por unidade. A diferença de R$ 90,00 dos custos fixos unitários encontrada entre a produção de 100 e a de 1.000 unidades representa a ociosidade que impacta o custo da produção acabada.

Custos variáveis

Os custos variáveis estão diretamente vinculados ao volume de produção. Quanto maior for a produção, proporcionalmente maiores serão os custos variáveis totais. Um bom exemplo para custos variáveis são a matéria-prima. Se para produzir uma unidade do produto tenho de gastar R$ 10,00 de matéria-prima, quanto maior for a produção, maior será o custo variável total.

Na figura 11 temos a representação dos custos variáveis totais. Esses custos variáveis totais foram obtidos pela multiplicação do custo variável unitário, que é R$ 10,00, pelo volume de produção nos meses de janeiro que foi somente 100 unidades até chegar a junho com a produção de 600 unidades. Observe, na figura 11, que na linha dos custos ocorre um aumento proporcional ao volume de produção.

Figura 11

Volume de produção x custos variáveis

	Produção em unidades	Custo variável total (R$)
Janeiro	100	1.000
Fevereiro	200	2.000
Março	300	3.000
Abril	400	4.000
Maio	500	5.000
Junho	600	6.000

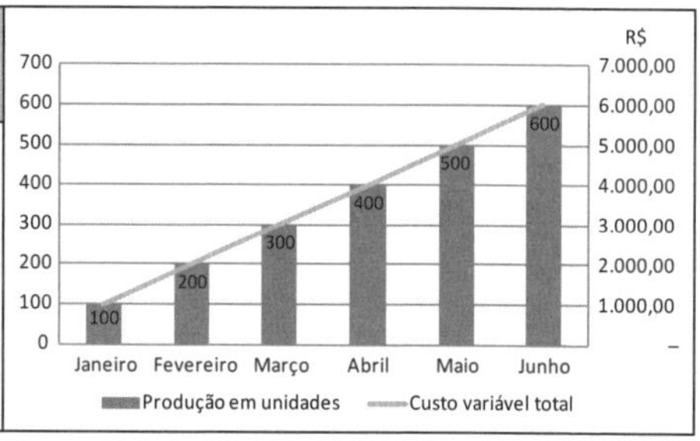

Destacamos também que as despesas poderão ser classificadas como despesas variáveis. São todas as despesas administrativas, comerciais e financeiras que variam com o volume de vendas. Um exemplo é a comissão dos vendedores, que varia de acordo com o volume de vendas.

Custos totais

Os custos totais representam o somatório da participação dos custos fixos com a participação dos custos variáveis para qualquer volume de produção. No quadro 31 e na figura 12, demonstramos o custo total para uma produção de 100 unidades até a produção de 600 unidades.

Quadro 31

Volume de produção x custos totais (R$)

	Produção em unidades	Custo fixo	Custo variável	Custo total
Janeiro	100	5.000,00	1.000,00	6.000,00
Fevereiro	200	5.000,00	2.000,00	7.000,00
Março	300	5.000,00	3.000,00	8.000,00
Abril	400	5.000,00	4.000,00	9.000,00
Maio	500	5.000,00	5.000,00	10.000,00
Junho	600	5.000,00	6.000,00	11.000,00

Figura 12

Gráfico dos custos totais (R$)

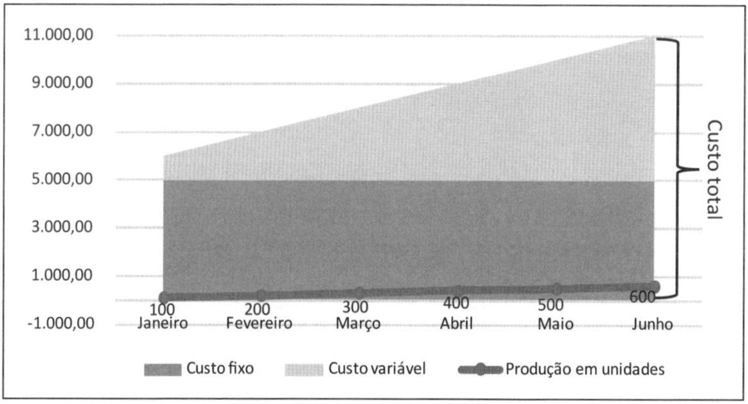

Observe que, independentemente do volume de produção, o custo fixo total não se altera enquanto o custo variável tem um aumento proporcional à produção.

Custo primário

Representa o somatório dos custos com matéria-prima e força de trabalho.

A figura 13 apresenta de forma didática e resumida os conceitos fundamentais de custos. Os gastos podem ser classificados como custo, despesa, investimento e perdas. Os custos quanto aos produtos podem ser de apropriação direta ou indireta, demandando critério de rateio. Os custos quanto ao volume de produção podem ser fixos ou variáveis. As despesas podem ser administrativas, comerciais e financeiras. Os gastos são classificados em investimentos quando beneficiam períodos futuros ou em decorrência da vida útil. E, por fim, os gastos podem ser classificados como perdas.

Figura 13

Conceitos fundamentais de custos

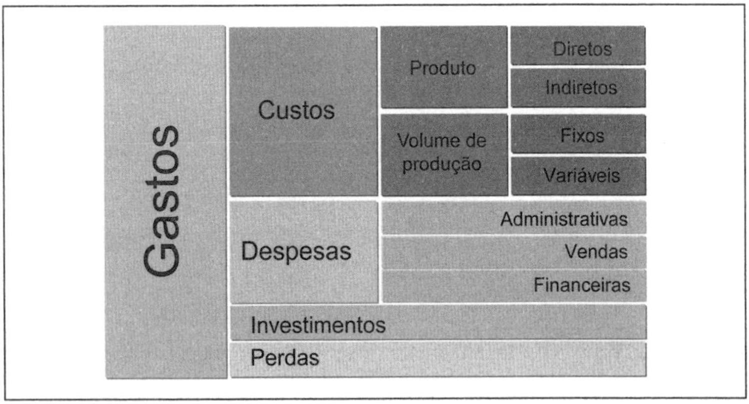

Esses conceitos fundamentais são importantes para o adequado registro dos gastos, tendo em vista o regime de competência e a correta elaboração do demonstrativo do resultado do exercício que estudamos no capítulo 1.

A partir destes conceitos, podemos avançar para compreender os métodos de custeio por absorção e variável.

Métodos de custeio

O objetivo das empresas de qualquer porte, desde as microempresas até as multinacionais, é apurar lucro de suas atividades. Para avaliar a efetividade do lucro, é necessário um processo importante e complexo, que é a apuração dos custos e despesas para confrontar com as receitas geradas em cada período.

A questão do controle e apuração dos custos é uma parte da ciência contábil que as empresas e gestores precisam entender e dominar. É preciso controlar e apurar todos os insumos consumidos para obtenção dos produtos e serviços.

O sistema de contabilidade gerencial procura apurar e informar custos precisos dos produtos e serviços para que a precificação, introdução de novos produtos, descontinuação de produtos obsoletos e respostas a produtos concorrentes possam se basear na melhor informação referente aos seus custos.

A apuração dos verdadeiros gastos dos produtos e serviços passou a ser o foco dos estudos da contabilidade de custos ou da gestão de custos, pois utilizamos esses levantamentos na apuração das demonstrações obrigatórias, montante do estoque final, custos dos produtos ou serviços vendidos, entre outras aplicações. Então é fundamental mensurar e imputar os custos aos produtos e serviços da forma mais adequada e precisa possível. O custo total de cada produto será obtido pela atribuição dos custos variáveis e fixos ou a soma dos diretos e indiretos. A apropriação dos custos diretos é fácil, pois temos a medida do que foi gasto em cada produto, o que não ocorre com os indiretos, pois para apropriação necessitaremos de critérios de rateio. (Wernke, 2004).

Para isso, existem métodos de custeio que auxiliam no cálculo e na apuração dos gastos para fazer os produtos e serviços. Esses cálculos são utilizados para a precificação, tomada de decisão e apuração dos resultados.

Podemos citar como os mais usados:

- método de custeio variável;
- método de custeio por absorção;
- método ABC (do inglês *activity based costing*), baseado em atividades.

Cada um tem as suas particularidades, por isso, vamos detalhar.

Método de custeio variável

Esse método é também conhecido como custeio direto. Possui esse nome porque sua premissa básica é apropriar somente os custos diretos ou variáveis dos produtos ou serviços, pois são de quantificação precisa para alocação. Os custos fixos ou indiretos, que são necessários para manter a capacidade instalada da empresa, devem ser desconsiderados, pois independentemente do volume de produção são considerados despesas, visto que terão de ser pagos no período.

Então, na apuração dos custos, levamos em consideração somente os gastos variáveis, como os materiais empregados, a força de trabalho, serviços de terceiros consumidos na produção, comissão dos vendedores, tributos sobre a venda e as demais variáveis que conseguirmos apontar. Os gastos fixos e indiretos são imputados como despesas na apuração do resultado.

Nesse caso, o princípio da competência não é seguido, uma vez que a parcela dos gastos fixos que contribuíram para obtenção dos produtos ainda não vendidos não permanecerá ativada. Esses gastos são lançados como despesas do período e confrontados somente com a receita gerada pelos produtos vendidos (Pinto, 2018).

No custeio variável, o fluxo de alocação dos gastos e a apuração do resultado podem ser esquematizados como na figura 14.

Figura 14
Fluxo de alocação dos gastos e apuração do resultado no custeio variável

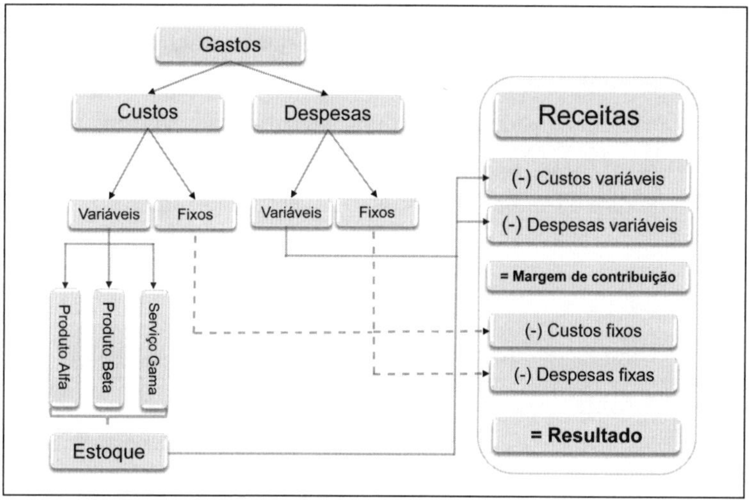

Para facilitar nosso entendimento, vamos ao exemplo da Lela Dreams doceria (@Dreamslela), que fabrica dois tipos de balas de coco. Bala de coco tradicional e bala de coco recheada. No mês de janeiro, a empresa vendeu 500 kg de bala tradicional a R$ 30,00/kg e 300 kg de bala sabor café a R$ 35,00/kg. O quadro 32 apresenta a receita gerada.

Quadro 32
Cálculo da receita bruta

Cálculo da receita			
	Kg de bala	**Preço da bala**	**Receita bruta**
Bala tradicional	500	R$ 30,00	R$ 15.000,00
Bala sabor café	300	R$ 35,00	R$ 10.500,00
Total da receita bruta			**R$ 25.500,00**

Para produzir as balas de coco, a Lela Dreams tem, de gastos variáveis, o açúcar, leite de coco, café solúvel e embalagem. Possui também um custo fixo indireto instalado de R$ 10.000,00 por mês referente ao aluguel, depreciação dos equipamentos, botijão de gás por mês, energia, força de trabalho. Para cálculo dos impostos, sabemos que a empresa está no regime de tributação do Simples Nacional e sua alíquota é de 4%. É importante destacar que vamos, nesse exemplo, trabalhar somente com custos de produção. Não vamos levar em consideração as despesas comerciais, administrativas e financeiras do período.

No quadro 33 temos os custos variáveis para produzir o volume vendido.

Quadro 33
Custos variáveis de produção do mês de janeiro

Produto	Matéria-prima	Quantidade consumida por kg	Preço de compra da matéria-prima	Custo variável unitário	Custo variável por kg	Custo variável total da produção
Bala tradicional	Açúcar	1 kg	R$ 3,20 kg	R$ 3,20	R$ 9,20	R$ 4.600,00
	Leite de coco	200 ml	R$ 20,00 litro	R$ 4,00		
	Embalagem	200 unid.	R$ 0,01 unid.	R$ 2,00		
Bala de coco sabor café	Açúcar	1 kg	R$ 3,20 kg	R$ 3,20	R$ 10,70	R$ 3.210,00
	Leite de coco	200 ml	R$ 20,00 litro	R$ 4,00		
	Café solúvel	0,50 grs.	R$ 30,00 kg	R$ 1,50		
	Embalagem	200 unid.	R$ 0,01 unid.	R$ 2,00		
Custo variável total da produção do mês de janeiro						**R$ 7.810,00**

Agora que temos todas as variáveis da produção da Lela Dreams do mês de janeiro, podemos apurar facilmente o resultado da operação pelo método de custeio variável ou direto. Nessa apuração, podemos encontrar a margem de contribuição, que representa a diferença entre a receita gerada e os gastos variáveis. A margem de contribuição é o valor gerado pelos produtos para cobrir os gastos fixos indiretos. Essa margem tornou-se importante no processo de lançamento de novos produtos, bem como para o aumento de produção utilizando a estrutura fixa já existente na empresa. Ajuda também a área comercial a definir o volume e o mix ideal de cada produto para atingimento das metas de rentabilidade.

No quadro 34, podemos apresentar a apuração dos resultados pelo custeio variável.

Quadro 34

Apuração do resultado pelo custeio variável

	Bala tradicional	Bala sabor café	Total
Receita bruta	R$ 15.000,00	R$ 10.500,00	**R$ 25.500,00**
(-) Impostos 4% Simples Nacional	R$ 600,00	R$ 420,00	R$ 1.020,00
= Receita líquida	**R$ 14.400,00**	**R$ 10.080,00**	**R$ 24.480,00**
(-) Custos variáveis	R$ 4.600,00	R$ 3.210,00	R$ 7.810,00
= Margem de contribuição	**R$ 9.800,00**	**R$ 6.870,00**	**R$ 16.670,00**
(-) Custos fixos indiretos		R$ 10.000,00	R$ 10.000,00
= Resultado		R$ 6.670,00	**R$ 6.670,00**

Na apuração acima, observe que podemos analisar separadamente a margem de contribuição de cada produto. Ou seja, quanto cada produto contribui para pagar os R$ 10.000,00 de custos fixos no mês.

Os custos variáveis são sempre proporcionais ao volume de produção. Quanto mais produzir, mais gastos variáveis teremos. Claro que com um volume de produção maior, podemos negociar melhor com fornecedores e conseguir melhores preços de todos os insumos de produção. Com relação aos custos fixos instalados, eles não se alteram em relação ao volume de produção, mas é claro que existe uma capacidade máxima de produção. Para ultrapassar essa capacidade máxima, ter-se-ia de aumentar os custos fixos com a contratação de mais mão de obra, compra de novas máquinas.

O custeio variável facilita os cálculos por não envolver critérios de rateio. Prioriza o aspecto gerencial ao destacar a rentabilidade dos produtos sem as possíveis distorções ocasionadas pelos rateios. Também possibilita a análise da margem de contribuição de cada produto, que é a diferença do preço de venda e o custo variável do produto, e a fácil geração de informação quando o gestor necessita saber quais produtos são mais rentáveis.

Porém não é aceito pela legislação tributária para apuração do resultado e avaliação dos estoques de produtos acabados. É importante destacar que a exclusão dos custos fixos pode causar uma subavaliação e pode alterar o resultado em um período. O custeio variável deve ser utilizado para tomada de decisões no curto prazo.

Custeio por absorção

O custeio por absorção teve origem a partir da aplicação dos princípios de contabilidade geralmente aceitos. É o método de custeio que apropria os custos diretos e indiretos aos produtos e considera as despesas administrativas, comerciais e financeiras como do período e não dos produtos. É também conhecido como custeio integral, por alocar, além dos diretos, os indiretos no custo final de cada produto ou serviço. Por esse método, os produtos absorvem a parcela dos custos diretos e indiretos relacionados à fabricação. É o método de custeio mais tradicional e consiste na apropriação do todos os custos de produção aos produtos ou serviços, de forma direta (quando possível) e de forma indireta, utilizando critérios de rateio. Ou seja, atribui aos produtos e serviços todos os custos da área de fabricação, sejam eles diretos, indiretos, fixos ou variáveis.

É conhecido também como modelo funcional, pois as despesas do período são classificadas pela sua função dentro do processo de geração de receita em produção, comercial, administrativa e financeira (Pinto, 2018).

A figura 15 apresenta o custeio por absorção. O fluxo de alocação dos gastos e apuração do resultado podem ser esquematizados na figura abaixo.

Figura 15

Fluxo de alocação dos gastos e apuração do resultado no custeio por absorção

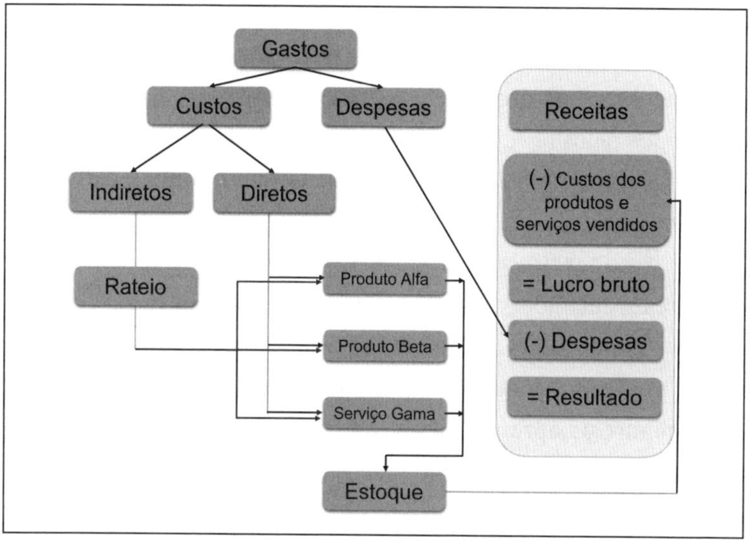

A grande diferença entre os dois métodos é que no custeio variável atribuímos somente os gastos variáveis, ficando os fixos alocados como despesa do período. E no custeio por absorção, alocamos primeiro todos os custos diretos, sejam eles fixos ou variáveis, e depois fazemos o rateio dos custos indiretos.

Os custos indiretos são aqueles incorridos na produção, mas que não podem ser atribuídos a um produto em particular. Decorrem do uso compartilhado de recursos na produção. Todos os produtos ou serviços se beneficiaram com tais custos.

Dessa forma, podem integrar o custo dos produtos ou serviços fabricados: o custo de aquisição dos materiais diretos; bens e serviços aplicados e consumidos na produção; custo da força de trabalho na produção, compreendendo, inclusive, supervisão, manutenção, vigilância; depreciação dos equipamentos e instalações da produção; amortização de direitos utilizados na produção entre outros ligados à produção (Wernke, 2004).

No momento em que alocamos os custos aos produtos, estamos aumentando os valores das contas do ativo circulante como estoque de produtos em elaboração e estoque de produtos acabados. Ou seja, o que acontece na produção é a ativação dos custos. Esses gastos absorvidos pelos produtos e serviços somente serão contabilizados como custos na venda do produto, quando serão confrontados com a receita gerada.

Para facilitar nosso entendimento, vamos retornar ao exemplo da @dreamslela doceria, que utilizamos no custeio variável.

No custeio variável, encontramos a receita e apropriamos os custos variáveis aos dois produtos fabricados. Veja abaixo.

O quadro 35 apresenta a receita bruta gerada.

Quadro 35

Cálculo da receita bruta

Cálculo da receita			
	Kg de bala	**Preço por kg**	**Receita bruta**
Bala tradicional	500	R$ 30,00	R$ 15.000,00
Bala sabor café	300	R$ 35,00	R$ 10.500,00
Total da receita bruta			**R$ 25.500,00**

O quadro 36 apresenta os cálculos dos custos diretos variáveis para produzir o volume vendido.

Quadro 36

Custos diretos variáveis

Produto	Matéria-prima	Quantidade consumida por kg	Preço de compra da matéria-prima	Custo variável unitário	Custo variável por kg	Custo variável total da produção
Bala tradicional	Açúcar	1 kg	R$ 3,20 kg	R$ 3,20	R$ 9,20	R$ 4.600,00
	Leite de coco	200 ml	R$ 20,00 litro	R$ 4,00		
	Embalagem	200 unid.	R$ 0,01 unid.	R$ 2,00		
Bala de coco sabor café	Açúcar	1 kg	R$ 3,20 kg	R$ 3,20	R$ 10,70	R$ 3.210,00
	Leite de coco	200 ml	R$ 20,00 litro	R$ 4,00		
	Café solúvel	0,50 gr	R$ 30,00 kg	R$ 1,50		
	Embalagem	200 unid.	R$ 0,01 unid.	R$ 2,00		
Custo variável total da produção do mês de janeiro						**R$ 7.810,00**

Agora, no quadro 37, apresentamos os gastos fixos do mês de janeiro para fazer a apropriação aos produtos.

Quadro 37

Gastos fixos do mês

Custos fixos do mês de janeiro	
Aluguel	R$ 3.000,00
Depreciação dos equipamentos	R$ 800,00
Energia elétrica	R$ 500,00
Botijão de gás	R$ 100,00
Força de trabalho com encargos	R$ 5.600,00
Total dos custos indiretos fixos	**R$ 10.000,00**

No custeio por absorção, os custos fixos devem ser apropriados de forma direta, quando é possível associar o custo fixo direto a algum produto ou serviço. Por exemplo, se o valor de R$ 5.600,00 da força de trabalho fosse composto por duas pessoas que trabalhassem somente na produção da bala tradicional e mais duas pessoas que trabalhassem somente na produção da bala sabor café, poderíamos apropriar o custo da força de trabalho diretamente aos dois produtos. Mas quando o custo fixo contribuiu para a produção dos vários produtos e não temos um apontamento para determinar diretamente o custo de cada produto, temos de utilizar critérios de rateio.

Neste caso da Lela Dreams, todos os custos fixos eram indiretos, pois beneficiaram os dois produtos, e não conseguimos atribuir de forma direta. Portanto, será necessário usar critério de rateio.

A escolha do melhor critério para distribuir os custos fixos indiretos aos produtos ou serviços é uma tarefa complexa e a escolha de um critério em detrimento de outro pode comprometer o sucesso da venda, pois, quanto maior for o custo atribuído aos produtos, maior será o preço de venda. Precisamos escolher os critérios de rateio procurando entre as alternativas viáveis a que traz consigo o menor grau de arbitrariedade.

São muitos os critérios de rateio dos custos indiretos e os mais utilizados são proporcionais a: custos diretos; custo da força de trabalho; volume produzido; tempo de hora/máquina; área ocupada por linha de produção ou departamento; custo dos materiais diretos.

No exemplo da Lela Dreams, precisamos identificar o melhor critério de rateio para cada custo fixo indireto. Os produtos possuem o mesmo sistema de produção com somente um ingrediente diferente em suas receitas. Dessa forma, foi escolhido como critério de rateio a quantidade de quilos fabricados no mês de janeiro. Essa escolha leva em consideração que o processo de produção consome proporcionalmente os custos indiretos por quilo de bala produzida. No quadro 38 é apresentada a base de cálculo para o rateio dos custos indiretos.

Quadro 38

Critério de rateio e base de cálculo dos custos indiretos

	Critério de rateio e base de cálculo	
	Kg de bala	**% da produção**
Bala tradicional	500	62,5
Bala sabor café	300	37,5
Total	**800**	**100,0**

Agora, no quadro 39, podemos fazer o rateio dos custos indiretos entre os produtos.

Quadro 39

Rateio dos custos indiretos

Rateio dos custos indiretos do mês de janeiro		Bala tradicional 62,5%	Bala sabor café 37,5%
Aluguel	R$ 3.000,00	R$ 1.875,00	R$ 1.125,00
Depreciação dos equipamentos	R$ 800,00	R$ 500,00	R$ 300,00
Energia elétrica	R$ 500,00	R$ 312,50	R$ 187,50
Botijão de gás	R$ 100,00	R$ 62,50	R$ 37,50
Força de trabalho com encargos	R$ 5.600,00	R$ 3.500,00	R$ 2.100,00
Total dos custos indiretos fixos	**R$ 10.000,00**	**R$ 6.250,00**	**R$ 3.750,00**

No quadro 39, podemos observar que dos R$ 10.000,00 de custos indiretos, R$ 6.250,00 devem ser atribuídos à bala tradicional e R$ 3.750,00 à bala sabor café. Ou seja, proporcionalmente ao volume de produção do mês de janeiro.

Assim, no quadro 40 apresentamos a apuração dos custos totais de cada produto.

Observe que apuramos o custo total de cada produto e depois dividimos pelo volume produzido para chegar ao custo total por quilo de bala produzida. Essa informação é importante para a precificação dos produtos e avaliação dos estoques.

Quadro 40

Custo total apurado por absorção

	Bala tradicional	Bala sabor café	Total
(-) Custos diretos	R$ 4.600,00	R$ 3.210,00	R$ 7.810,00
(-) Custos indiretos mediante rateio	R$ 6.250,00	R$ 3.750,00	R$ 10.000,00
Custo total da produção	**R$ 10.850,00**	**R$ 6.960,00**	**R$ 17.810,00**
Volume de produção em kg	500	300	
Custo total por kg	**R$ 21,70**	**R$ 23,20**	

Agora, no quadro 41, vamos fazer a apuração de resultado pelo custeio por absorção.

Quadro 41

Apuração de resultado pelo custeio por absorção

	Bala tradicional	Bala sabor café	Total
Receita bruta	R$ 15.000,00	R$ 10.500,00	**R$ 25.500,00**
(-) Impostos sobre a venda (4%)	R$ 600,00	R$ 420,00	R$ 1.020,00
= Receita líquida	**R$ 14.400,00**	**R$ 10.080,00**	**R$ 24.480,00**
(-) Custos diretos	R$ 4.600,00	R$ 3.210,00	R$ 7.810,00
(-) Custos indiretos	R$ 6.250,00	R$ 3.750,00	R$ 10.000,00
= Resultado	**R$ 3.550,00**	**R$ 3.120,00**	**R$ 6.670,00**

Nessa apuração, apropriamos tanto os custos diretos quanto os indiretos e conseguimos avaliar a rentabilidade total de cada produto em relação à receita gerada. Lembramos que, neste exemplo, não levamos em consideração as despesas administrativas, comerciais e financeiras do período.

O custeio por absorção atende às exigências da legislação tributária e é utilizado pela contabilidade financeira obedecendo aos princípios de contabilidade apoiados nos registros que evidenciam todos os processos de acumulação dos custos até o produto. Pode ser adaptado para apuração por centro de custos ou departamentos. Para isso, os custos são alocados primeiramente aos departamentos e depois são redirecionados aos produtos. Quando os custos são alocados de forma adequada aos departamentos, é possível avaliar o desempenho de cada centro de custo ou departamento. As empresas que utilizam o planejamento financeiro anual, conhecido por orçamento, normalmente fazem a apuração dos custos por departamentalização para avaliar e controlar os gastos de cada departamento em relação ao orçamento geral. A departamentalização é uma evolução do custeio por absorção e vamos tratar dela no próximo tópico.

Existem, porém, desvantagens no custeio por absorção. Uma crítica é que ativamos como custo no estoque de produtos acabados valores fixos indiretos atribuídos aos produtos, que deverão ser pagos mesmo que os produtos não sejam vendidos no período de produção. Por exemplo, o aluguel.

Se a empresa produzir uma grande quantidade de produtos em um período e vender poucos produtos, terá lucro econômico apurado no DRE, porém não terá recursos suficientes gerados pela venda para cobrir todos os gastos do período.

Outra desvantagem é com relação aos critérios de rateio, que significa apropriar os custos indiretos aos produtos mediante estimativas, previsão de comportamento de custos ou aproximações. Todas essas formas de distribuição ou rateio contêm, em menor ou maior grau, subjetivismos, o que as torna arbitrárias, e, às vezes, essas arbitrariedades acontecerão em níveis elevados, porém por falta de alternativas elas serão empregadas.

Custeio por absorção: departamentalização

A evolução do custeio por absorção se deu a partir das críticas, uma das quais é que, no custeio por absorção, os custos são alocados aos produtos, utilizando uma base de volume, usualmente o volume de horas de mão de obra direta. E quando a base utilizada não possui uma relação direta com o custo de produção, acarreta distorções na apropriação. Assim, produtos com pequeno volume de produção podem absorver a mesma quantidade de custos que outros, produzidos com maior volume. Então, para uma distribuição mais racional dos custos indiretos de produção, a departamentalização passou a ser uma evolução importante nos métodos de custeio por absorção (Martins, 2010).

Com a departamentalização, os custos indiretos passaram a ser apropriados primeiramente aos departamentos de produção e de apoio ou que prestam serviços à produção para depois serem absorvidos pelos produtos.

Então os custos indiretos são apropriados entre dois grupos. Os departamentos de produção que promovem mudanças diretamente sobre o produto ou serviço e são comumente chamados de departamentos de produção ou produtivos (por exemplo: departamento de usinagem, cromeação, corte, costura, estampa) e os departamentos de apoio ou serviços, que não possuem qualquer contato direto com o produto ou serviço, de modo que seus custos não são rateados diretamente entre os produtos. Os custos acumulados nesses departamentos de apoio são transferidos para os departamentos para os quais prestam serviços. As transferências de custos dos departamentos de apoio ou serviços são direcionadas aos departamentos de produção, que, por sua vez, distribuem-nos aos produtos mediante critérios apropriados. Como exemplo dos departamentos de apoio temos o almoxarifado, controle de qualidade, manutenção e departamento administrativo de produção.

A figura 16 apresenta o esquema básico do custeio por departamentalização.

Figura 16
Esquema básico do custeio por departamentalização

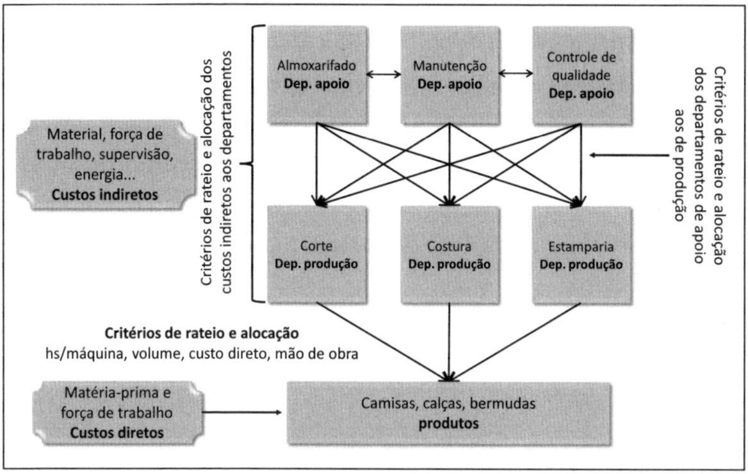

Conforme apresentado na figura 16, todos os custos indiretos são apropriados aos departamentos de apoio ou serviços e os de produção são apropriados de forma direta, quando possível, ou utilizando critérios de rateio ou alocação. Sim, alguns custos indiretos dos produtos podem ser diretos dos departamentos. O salário mais encargos de uma pessoa que trabalha no almoxarifado é custo direto do departamento e indireto do produto. Em seguida, utilizando novos critérios de rateio e alocação, fazemos a transferência dos custos acumulados nos departamentos de apoio ou serviços para os departamentos de produção para, enfim, fazer a transferência dos departamentos de produção para os produtos fabricados, utilizando novos critérios.

O custeio por absorção apurado por departamentalização tem a vantagem de aumentar a eficiência de controle de custos das empresas, uma vez que os custos passam a ser apurados primeiramente nos departamentos, dando à controladoria condições de apresentar relatórios e dados que apontam o desempenho de diversos departamentos, antes de atribuir o custo ao bem ou serviço.

O custeio por departamentalização também segue os princípios de contabilidade, sendo o método formalmente aceito pela legislação tributária.

Como desvantagens, podemos citar que os custos, por não se relacionarem com os produtos ou serviços, são quase sempre alocados com base em critérios de rateio com certo grau de arbitrariedade; os custos fixos unitários dependem do volume de produção, ou seja, o custo de um produto pode variar em função do volume de outros produtos.

Todos os métodos de custeio possuem suas vantagens e limitações, que devem ser analisadas para que se possa escolher ou adaptar os métodos para uma melhor gestão dos custos. Dando prosseguimento aos métodos de custeio por absorção, vamos tratar, na próxima seção, do custeio baseado em atividades.

Custeio por absorção *versus* custeio variável

Vamos apresentar, de forma prática, as diferenças que existem na demonstração de resultados e no balanço, entre o custeio por absorção e o custeio variável.

A Indústria Pontes Ltda., conforme apresentado no quadro 42, produz e vende um único produto e, durante o mês de janeiro, teve a seguinte movimentação abaixo demonstrada.

Quadro 42

Dados da Indústria Pontes Ltda

Produto	Preço de venda	Produção em unidades	Vendas em unidades	Estoque final em unidades
Tulipa plus	50,00	10.000	6.000	4.000

O quadro 43 apresenta a ficha técnica com os custos variáveis do produto tulipa plus.

Quadro 43
Custos diretos variáveis

Custos diretos variáveis	Valor R$
Matéria-prima	25,00
Energia	5,00
Materiais indiretos	3,00
Comissão de venda - 6%	3,00
Total de custos diretos variáveis	**36,00**

O quadro 44 apresenta os custos fixos da Indústria Pontes Ltda no mês de janeiro.

Quadro 44
Custos indiretos fixos

Custos indiretos fixos	Valores R$
Força de trabalho e encargos	50.000,00
Aluguel	15.000,00
Manutenção	3.000,00
Depreciação equipamentos	5.000,00
Diversos	6.000,00
Total dos custos indiretos fixos	**79.000,00**

Com os dados da Indústria Pontes Ltda., podemos apurar, conforme quadro 45, o resultado do mês de janeiro pelo custeio direto ou variável.

Quadro 45

Apuração de resultado pelo custeio direto ou variável

Indústria Pontes Ltda Apuração de resultado custeio direto ou variável		
Receita — 6.000 unid. × R$ 50,00 =	300.000,00	100,0%
(-) Custos variáveis - 6.000 unid. × R$ 36,00 =	216.000,00	72,0%
= Margem de contribuição	**84.000,00**	28,0%
(-) Custos fixos do mês de janeiro	79.000,00	26,3%
= Margem bruta	**5.000,00**	1,7%

No mês de janeiro, produzimos 10.000 unidades e vendemos 6.000 unidades do produto tulipa plus. Assim, no quadro 46 é apurado o valor do estoque final das 4.000 unidades que restaram.

Quadro 46

Estoque final pelo custeio variável

Estoque final apurado pelo custeio variável	**Valor**
Tulipa plus - 4.000 unid. × R$ 36,00	144.000,00

Como podemos observar, somente agregamos ao produto os custos variáveis, passando os custos fixos a ser alocados integralmente para o resultado do mês de janeiro. Assim, cada unidade estocada estaria sempre, independentemente do volume de produção do mês, avaliada somente pelo custo variável, que é R$ 36,00.

Agora vamos apurar o resultado e o valor do estoque final do mês de janeiro pelo custeio por absorção.

No custeio por absorção, além dos custos diretos do produto, precisamos também fazer o rateio dos custos indiretos entre todos os produtos fabricados no período. Nesse caso da indústria Pontes, os custos indiretos de produção serão rateados pelas 10.000 unidades do produto tulipa plus, conforme demonstrado no quadro 47.

Quadro 47

Custos indiretos fixos total e unitário

Custos indiretos fixos	Valor
Força de trabalho e encargos	55.000,00
Aluguel	15.000,00
Manutenção	3.000,00
Diversos	6.000,00
Total dos custos indiretos fixos	**79.000,00**
Volume de produção em unidades	10.000
Custo indireto fixo unitário	**7,90**

Temos agora os custos diretos variáveis, que são de R$ 36,00 e os custos indiretos fixos, que são de R$ 7,90 por unidade. Dessa forma, o custo unitário de produção do tulipa plus no mês de janeiro pelo custeio por absorção é de R$ 43,90 por unidade. Passamos agora, no quadro 48, à apuração do resultado do mês de janeiro pelo custeio por absorção pela venda das 6.000 unidades do tulipa plus, bem como à avaliação do estoque final de 4.000 unidades.

Quadro 48

Apuração de resultado pelo custeio por absorção

Indústria Pontes Ltda **Apuração de resultado custeio por absorção**		
Receita – 6.000 unid. × R$ 50,00 =	300.000,00	100,0%
(-) Custo direto – 6.000 unid. × R$ 36,00 =	216.000,00	72,0%
(-) Custo indireto – 6.000 unid. × R$ 7,90 =	47.400,00	15,8%
Margem bruta	**36.600,00**	12,2%

Assim, o estoque final das 4.000 unidades pode ser apurado conforme descrito no quadro 49.

Quadro 49

Estoque final pelo custeio por absorção

Estoque final apurado pelo custeio por absorção	Valor
Tulipa plus - 4.000 unid. × R$ 43,90	175.600,00

Como podemos observar, agregamos ao produto os custos diretos variáveis e distribuímos os custos fixos indiretos pelas 10.000 unidades de tulipa plus produzidas no mês de janeiro. Assim, cada unidade produzida ficou avaliada pelo custeio por absorção em R$ 43,90.

Dessa forma, os custos variáveis unitários vão sempre acompanhar o volume de produção. Como vimos, para produzir o tulipa plus, precisamos de R$ 36,00 por unidade. Para produzir 10.000 tulipas plus, vamos gastar R$ 360.000. E assim por diante.

Quanto maior o volume de produção, podemos negociar melhor com fornecedores e conseguir melhores preços de compras das matérias-primas e materiais indiretos. Mas quando falamos de custeio variável, os ganhos de escala são marginais.

Já os custos unitários, se apurados pelo custeio por absorção, diminuem conforme o volume de produção. Ou seja, com um maior volume de produção os custos fixos indiretos são diluídos por uma quantidade maior de produtos, diminuindo os custos unitários. Quando apuramos pelo custeio por absorção, os ganhos de escala são bastante consideráveis.

Claro que existe uma capacidade máxima para o custo fixo. Por exemplo, a depreciação dos equipamentos, com o custo de R$ 5.000,00, refere-se a três equipamentos de produção que conseguem produzir, em sua capacidade máxima 5.000 tulipas plus por mês. Assim, a capacidade máxima de produção da Indústria Pontes Ltda é de 15.000 unidades por mês. Os custos fixos no mês em que a produção alcançar a capacidade máxima, alcançarão o menor custo fixo unitário. Para uma produção maior que 15.000 unidades por mês, será necessária a compra de mais um equipamento. Sendo assim, é preciso sempre realizar simulações de cenários antes de tomar qualquer decisão de aumentar ou diminuir o volume de produção e venda.

Custeio baseado em atividades ou *activity-based costing* (ABC)

O custeio baseado em atividades surge quando os custos indiretos começaram a ficar mais altos e significativos. Desta forma, o custeio por absorção, por utilizar critérios de rateio arbitrário, acaba distorcendo significativamente os custos dos produtos. Com a globalização, as fusões e incorporações de empresas aceleram ainda mais o volume de custos indiretos que deveriam ser rateados entre os produtos, gerando distorções na apuração dos custos unitários. Outro fenômeno importante a exigir melhor alocação dos custos indiretos é a variedade de produtos e modelos produzidos na mesma unidade, principalmente em alguns setores da indústria. Assim, destacamos a importância do adequado processo de alocação dos custos indiretos aos produtos ou serviços, pois os graus de arbitrariedade e de subjetividade do passado provocam hoje enormes distorções. Essas dependerão dos dois fatores que são: proporção de custos indiretos no total e diversificação das linhas de produto.

Enquanto isso, o custeio variável deve ser utilizado principalmente para decisões de curto prazo. Apresenta limitações, uma vez que os gastos fixos não são absorvidos pelos produtos, e não consegue determinar o custo unitário, prejudicando a formação do preço de venda, apuração do resultado econômico e, principalmente, a valorização dos estoques de produtos acabados e em elaboração.

Diante de todos esses problemas, em 1998, dois professores da Harvard Business School estudaram e desenvolveram o ABC – *activity base costing* com o principal objetivo de aprimorar a alocação dos gastos indiretos fixos aos produtos ou serviços. Assim, os professores Robert Kaplan e Robin Cooper apresentaram uma abordagem em que analisam o comportamento das atividades consumindo recursos, estabelecendo uma relação entre eles. Essas atividades poderiam ir além das fronteiras dos departamentos para permitir a identificação dos fatores que geram gastos em todos os processos de produção e venda dos produtos e serviços (Wernke, 2004).

Então Kaplan e Cooper trabalharam com o conceito de atividades consumindo recursos e de produtos ou serviços consumindo atividades. Isso é fundamental para ter visão e entender como o sistema de operações se desenvolve e como adiciona valor à organização. Se a gestão for feita por atividade, torna as operações mais eficientes e a empresa mais competitiva no longo prazo. Assim, entenderam que os gerentes não podem administrar os custos diretamente. Em vez disso, devem gerenciar as atividades que os consomem. Somente pela gestão das atividades que compõem todo o processo é que os gerentes podem exercer impacto eficaz e sustentável sobre os gastos. A diferença entre o ABC e a departamentalização é que, no primeiro, alocamos os recursos por processo ou atividade.

No custeio baseado em atividades, direcionamos os custos de um negócio ou departamento para as atividades realizadas e, em seguida, direcionamos os gastos das atividades para os bens e serviços por elas beneficiados. Desta forma, podemos mensurar o valor que cada atividade agrega na performance do negócio ou departamento. Temos de gerenciar não os gastos e, sim, as atividades e como elas estão consumindo recursos e gerando valor.

Para isso, em primeiro lugar, precisamos analisar todos os departamentos ou centros de custos da seguinte forma:

- avaliar os recursos que todos os centros de custos consomem, que podem ser materiais, força de trabalho, equipamentos, instalações;

- listar as atividades ou grupo de atividades afins que esse departamento executa. Não devemos desdobrar em mais de cinco atividades para não tornar a apuração um custo maior que o benefício que possa trazer;
- calcular o valor dos recursos que cada atividade consome e direcionar esses valores para as atividades;
- listar os fatores, produtos ou serviços que demandam as atividades. Avaliar e quantificar como esses fatores demandam as atividades para direcionar os custos das atividades para os produtos ou serviços.

Note que a atribuição dos gastos às atividades e das atividades aos produtos não utiliza critérios de rateio. No ABC, são utilizados, segundo Kaplan e Cooper, direcionadores de custos ou *cost drivers*. São dois os tipos de direcionadores:

- de recursos;
- de atividades.

Os direcionadores de recursos, também chamados de primeiro estágio, demonstram como as atividades consomem os recursos. Já os direcionadores de atividades, também chamados de segundo estágio, direcionam os custos acumulados nas atividades para os bens ou serviços produzidos.

Quando a atribuição dos custos às atividades não puder ser efetuada diretamente, deve ser realizada por meio da utilização dos direcionadores de recursos. A atribuição dos custos das atividades aos produtos é efetuada com o uso dos direcionadores de atividades, que são indicadores de quanto os produtos consomem das atividades. Os direcionadores são eventos ligados às atividades ou produtos que guardam uma relação de causa e efeito e que provocam sua ocorrência, como:

- quantidade de *setups* de máquinas;
- número de pedidos de clientes;
- quantidade de pedidos de compra;
- distância em quilômetros percorridos.

Tanto os direcionadores de recursos, ou primeiro estágio, quanto os direcionadores de atividades, ou segundo estágio, embora tenham finalidades diferentes, são denominados direcionadores de custos ou *cost drivers*.

Na definição dos direcionadores de atividades são analisadas algumas características, como:

- possuir alto coeficiente de correlação de causa e efeito com o consumo de recursos ou de atividades;
- apresentar proporcionalidade com o grupo de custos;
- gerar baixos custos de obtenção ou quantificação dos dados;
- ser mensurável de forma objetiva e de fácil medição;
- se possível, basear-se em dados já disponíveis no sistema de informações;
- induzir os colaboradores a um comportamento produtivo para a empresa.

Esses direcionadores não seriam considerados nos outros métodos de custeio. Eles devem ser obtidos e quantificados por meio de análise das atividades e processos. São também denominados "rastreadores" por suas características de medição e quantificação. A função do direcionador é medir as atividades e como elas consomem recursos. Na implantação do custeio ABC, é preciso analisar quais serão os melhores rastreadores de recursos e atividades para escolher os melhores direcionadores dos custos (Wernke, 2004).

Exemplos de direcionadores de recursos ou de primeiro estágio são apresentados no quadro 50.

Quadro 50
Direcionadores de recursos

Recursos	Direcionador de recursos
Força de trabalho	Tempo dedicado na execução da atividade
Aluguel	Área ocupada – m^2 pela atividade
Seguros	Mapeamento de riscos dos recursos e área ocupada pela atividade
Água e esgoto	Consumo de m^3 por atividade
Depreciação	Valor das máquinas, equipamentos e instalações utilizadas pelas atividades

Enquanto os demais sistemas de custeio por absorção utilizam normalmente um ou dois critérios de rateio, no ABC utilizam-se vários direcionadores de recursos, avaliando como as atividades consomem os recursos.

No quadro 51 são apresentados os exemplos de direcionadores de atividades ou de segundo estágio.

Quadro 51
Direcionadores de atividades

Atividades	Direcionador de atividade
Comprar	Número de pedidos
Estocar produtos acabados	Número de lotes estocados
Controlar a produção	Número de produtos
Controlar estoque de materiais	Número de notas fiscais e requisições de materiais
Atividade de produção Alfa	Horas de produção + *setup* de máquina

A análise dos custos por atividade leva a empresa a avaliar o custo e o benefício de cada atividade realizada. A partir dessa análise, a empresa pode adotar medidas para a melhoria do processo, como a investigação dos custos que integram esse valor ou promover um *benchmarking*.

Apresentamos, na figura 17, como o custeio baseado em atividades pode ser esquematizado.

Figura 17
Esquema do custeio baseado em atividades

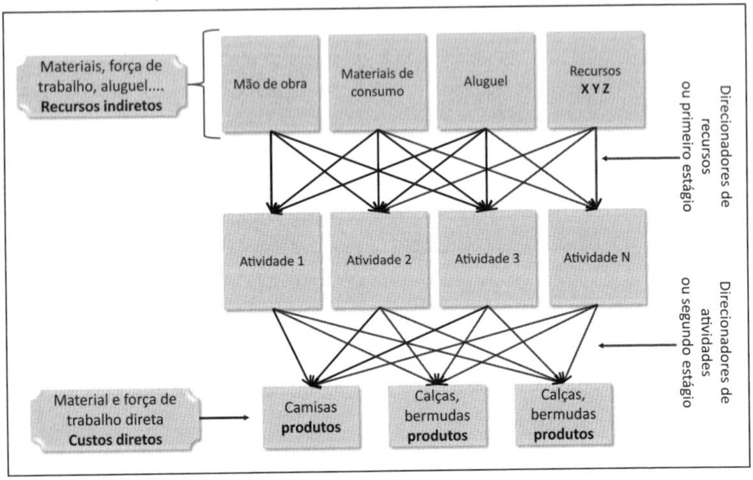

Cia. Têxtil Pontes S/A – exemplo do ABC

Vamos aplicar o custeio baseado em atividades no caso da Cia. Têxtil Pontes S/A. A empresa produz e vende tecidos para diversas confecções de roupas infantis e possui três produtos: tecido de algodão, tecido de poliéster e tecido de poliamida. Para cálculo dos impostos, sabemos que a empresa está no regime de tributação do Simples Nacional e sua alíquota é de 4%. O quadro 52 apresenta seu preço de venda, tributação, volume de produção e venda em quilos no mês de janeiro.

Quadro 52
Cálculo da receita líquida do mês

Produtos da Cia. Têxtil Pontes S/A	R$ de venda por kg	Produção/mês em kg	Receita bruta (R$)
Tecido de algodão	34,00	10.000	340.000,00
Tecido de poliéster	35,00	6.000	210.000,00
Tecido de poliamida	34,00	4.000	136.000,00
Total da receita bruta			**686.000,00**
Imposto do Simples Nacional 4%			27.440,00
Receita líquida			**658.560,00**

De acordo com os cálculos, a receita líquida da empresa no mês de janeiro é de R$ 658.560,00.

Os custos diretos para a produção dos três tipos de tecido são os materiais e a força de trabalho. No quadro 53, é apresentada a ficha técnica para produzir cada quilo de tecido e também a quantidade de material e mão de obra para fabricação dos tecidos.

Quadro 53
Ficha técnica dos custos dos produtos

Ficha técnica de cada produto			
Produtos da Cia. Têxtil Pontes S/A	**Material**	**Quantidade (kg)**	**Força de trabalho (horas por kg)**
Tecido de algodão	Fio de algodão 30/1 penteado	1,00	1h30 min
Tecido de poliéster	Fio contínuo 100% poliéster	1,00	1h15 min
Tecido de poliamida	Fio 100% poliamida bonderizado	1,00	1h

Levantamento feito no Departamento de Compras e no Departamento de Recursos Humanos, apresentado no quadro 54, apontou o valor médio pago por quilo dos fios e o valor dos salários mais encargos sociais pagos pela força de trabalho.

Quadro 54
Valor unitário dos insumos

Produtos da Cia. Têxtil Pontes S/A	Fios (R$)	Força de trabalho (R$)
Tecido de algodão	4,00	5,00
Tecido de poliéster	7,00	5,00
Tecido de poliamida	12,00	5,00

Uma vez que temos a ficha técnica do produto com a quantidade de materiais e força de trabalho direta para fabricar os tecidos, bem como os respectivos preços dos insumos, podemos calcular, conforme o quadro 55, os custos diretos unitário e total dos produtos.

Quadro 55
Custo direto de material e força de trabalho consumidos na produção

Produtos da Cia. Têxtil Pontes S/A	Materiais diretos (R$)	Força de trabalho (R$)	Custos diretos por kg (R$)	Volume de produção e venda em kg	Custo direto total por produto (R$)
Tecido de algodão	4,00	7,50	11,50	10.000	115.000,00
Tecido de poliéster	7,00	6,25	13,25	6.000	79.500,00
Tecido de poliamida	12,00	5,00	17,00	4.000	68.000,00
Total do custo direto de produção					**262.500,00**

Além dos custos diretos, todos os três produtos possuem custos indiretos de fabricação (CIF), também conhecidos como gastos gerais de fabricação (GGF), que os beneficiaram: aluguel, seguros, força de trabalho indireta, materiais de consumo. O quadro 56 apresenta os valores consumidos no mês de janeiro.

Quadro 56

Custos indiretos de fabricação (R$)

Custos indiretos de fabricação (CIF) da Cia. Têxtil Pontes S/A	
Aluguel da fábrica	40.000,00
Seguro e depreciação	15.000,00
Força de trabalho indireta	90.000,00
Energia elétrica	35.000,00
Material de consumo	20.000,00
Total	**200.000,00**

Além dos custos diretos e indiretos, a Cia. Têxtil Pontes S/A ainda possui as despesas administrativas, comerciais e financeiras. A empresa não apura as despesas por atividades. Para encontrar o lucro líquido, as despesas são abatidas do lucro bruto. Essas despesas já estão consolidadas e são apresentadas no quadro 57.

Quadro 57

Despesas do mês de janeiro

Despesas da Cia. Têxtil Pontes S/A no mês de janeiro	
Despesas administrativas	50.000,00
Despesas comerciais	80.000,00
Despesas financeiras	20.000,00
Total das despesas	**150.000,00**

No custeio ABC, o primeiro passo é determinar as atividades que consomem os recursos indiretos em cada departamento. Na Cia. Têxtil Pontes S/A foram levantados os departamentos e atividades listados no quadro 58.

Quadro 58

Descrição dos departamentos e atividades

Departamentos	Atividades
Almoxarifado	Comprar Controlar estoques
Produção	Controle/supervisão da produção Atividade fabril
Acabamento	Acabar Despachar

Observe que, nesse caso da Cia. Têxtil Pontes S/A, dos três departamentos existentes, vamos controlar os gastos de seis atividades.

O próximo passo é fazer a atribuição dos gastos indiretos a cada uma das seis atividades que detalhamos a partir dos três departamentos. Esta atribuição dos recursos consumidos pelas atividades deverá ser feita de forma direta (quando possível) ou utilizando um direcionador de recursos ou primeiro estágio. Assim, vamos avaliar cada recurso e como eles são consumidos pelas atividades.

Aluguel

O direcionador do recurso é a área utilizada pela atividade, uma vez que o valor do aluguel possui uma relação direta com a área ocupada. O quadro 59 apresenta as áreas que cada atividade ocupa, em percentual, e o cálculo do aluguel por atividade.

Quadro 59

Cálculo dos direcionadores de recursos do aluguel

Direcionadores de recursos para o aluguel			
Atividades	**Área da fábrica em m²**	**% da área**	**Aluguel (R$)**
Compra	80	10	4.000,00
Controle de estoques	160	20	8.000,00
Controle/supervisão da produção	120	15	6.000,00
Atividade fabril	280	35	14.000,00
Acabamento	80	10	4.000,00
Despacho	80	10	4.000,00
Total	**800**	**100**	**40.000,00**

Seguro e depreciação

O direcionador de recurso escolhido foi proporcional ao valor dos equipamentos e instalações, tendo em vista que a depreciação e seguro estão diretamente ligados ao valor dos mesmos destinados a cada atividade. O quadro 60 apresenta o cálculo desse direcionador.

Quadro 60

Cálculo dos direcionadores de recursos do seguro e depreciação

Direcionador de recursos para seguro e depreciação			
Atividades	**Valor dos equipamentos e instalações por atividade (R$)**	**% por atividade**	**Seguro e depreciação (R$)**
Compra	50.000,00	5	750,00
Controle de estoques	150.000,00	15	2.250,00
Controle/supervisão da produção	100.000,00	10	1.500,00
Atividade fabril	500.000,00	50	7.500,00
Acabamento	150.000,00	15	2.250,00
Despacho	50.000,00	5	750,00
Total	**1.000.000,00**	**100**	**15.000,00**

Força de trabalho indireta

Nesse caso, foi possível fazer a atribuição direta às atividades conforme alocação do custo de cada colaborador em suas respectivas atividades. Os dados fornecidos pelo Departamento de Pessoal estão representados no quadro 61.

Quadro 61

Cálculo dos direcionadores de recursos da força de trabalho

Direcionador de recursos para força de trabalho			
Atividades	**Colaboradores por atividade**	**Salários + encargos por colaborador (R$)**	**Força de trabalho indireta (R$)**
Compra	1	2.500,00	2.500,00
Controle de estoques	3	1.800,00	5.400,00
Controle/supervisão da produção	1	5.000,00	5.000,00
Atividade fabril	20	3.100,00	62.000,00
Acabamento	5	2.000,00	10.000,00
Despacho	3	1.700,00	5.100,00
Total	**33**		**90.000,00**

Se não tiver como fazer de forma direta, como neste caso, teremos de determinar um direcionador de recursos baseado nos apontamentos de horas de força de trabalho em cada atividade.

Energia elétrica

A energia elétrica do mês de janeiro foi de R$ 35.000,00 referente a 2.500 kWh (quilowatt-hora). O cálculo do direcionador foi baseado na quantidade de kWh gastos para cada tipo de máquina mais os gastos de iluminação das áreas das atividades. Veja, no quadro 62, o resumo dos gastos em kWh por atividade.

Quadro 62

Cálculo do direcionador de recursos para energia elétrica

Direcionador de recursos para energia elétrica			
Atividades	**kWh consumidos por atividade**	**Custo do kWh (R$)**	**Energia elétrica por atividade (R$)**
Compra	100	14,00	1.400,00
Controle de estoques	250	14,00	3.500,00
Controle/supervisão da produção	100	14,00	1.400,00
Atividade fabril	1.600	14,00	22.400,00
Acabamento	350	14,00	4.900,00
Despacho	100	14,00	1.400,00
Total	**2.500**		**35.000,00**

É preciso ter um levantamento de gastos em kWh dos equipamentos e iluminação que cada atividade consome. O custo do kWh, de R$ 14,00, foi encontrado dividindo o valor da conta (R$ 35.000,00) pela quantidade de 2.500 kWh.

Material de consumo

Os materiais de consumo podem ser atribuídos diretamente, pois cada atividade faz suas requisições individualmente. O quadro 63 apresenta a consolidação das informações do almoxarifado.

Quadro 63

Cálculo dos direcionadores de recursos do material de consumo

Direcionador de recursos para materiais de consumo	
Atividades	**Valores (R$)**
Compra	800,00
Controle de estoques	500,00
Controle/supervisão da produção	400,00
Atividade fabril	15.300,00
Acabamento	2.000,00
Despacho	1.000,00
Total	**20.000,00**

Para o controle de gastos por atividade, os materiais de consumo indiretos não poderão ser mais requisitados para o departamento e sim para cada atividade do departamento.

Agora já temos todos os recursos indiretos direcionados para cada atividade da fábrica, ou seja, o primeiro estágio. No quadro 64 é apresentada a consolidação de todos os gastos por atividade.

Quadro 64
Custos indiretos por atividade pelo ABC

Custos indiretos por atividade							
Atividades	**Aluguel da fábrica**	**Seguro e depreciação**	**Força de trabalho indireta**	**Energia elétrica**	**Material de consumo**	**Total de custos por atividade**	**% custo atividade**
Compra	4.000,00	750,00	2.500,00	1.400,00	800,00	**9.450,00**	4,7
Controle de estoques	8.000,00	2.250,00	5.400,00	3.500,00	500,00	**19.650,00**	9,8
Controle/supervisão da produção	6.000,00	1.500,00	5.000,00	1.400,00	400,00	**14.300,00**	7,2
Atividade fabril	14.000,00	7.500,00	62.000,00	22.400,00	15.300,00	**121.200,00**	60,6
Acabamento	4.000,00	2.250,00	10.000,00	4.900,00	2.000,00	**23.150,00**	11,6
Despacho	4.000,00	750,00	5.100,00	1.400,00	1.000,00	**12.250,00**	6,1
Total	**40.000,00**	**15.000,00**	**90.000,00**	**35.000,00**	**20.000,00**	**200.000,00**	**100,0**

Com a atribuição dos custos indiretos por atividade, é possível avaliar quanto cada atividade consome de recursos e analisar possibilidades de otimização de processos para reduzir seus custos. Observe que o almoxarifado possui duas atividades: comprar e controlar estoques. Na apuração de custos por departamentalização, o gasto total do departamento seria R$ 29.100,00, mas, não seria possível avaliar o custo das atividades comprar R$ 9.450,00 e controlar estoques de R$ 19,650,00. Podemos assim avaliar o custo/benefício de cada atividade. Assim, neste primeiro estágio do custeio baseado em atividades, podemos fazer uma análise criteriosa de gastos por atividade e aprofundar o estudo dos processos internos da atividade consumindo recursos. A partir dessa análise, a empresa pode adotar medidas para a melhoria do processo, como a investigação dos custos que integram esse valor ou promover um *benchmarking*.

Tudo isso é fundamental para ter uma visão geral e entender como o sistema de operações se desenvolve e como adiciona valor à organização. Fazer gestão por atividade torna as operações mais eficientes e a empresa mais competitiva em longo prazo. Assim, os gerentes não devem administrar os custos diretamente. Em vez disso, devem gerenciar as atividades que os consomem. Somente pela gestão das atividades que compõem todo o processo é que os gerentes podem exercer impacto eficaz e sustentável sobre os gastos (Wernke, 2004).

Prosseguindo no caso da Cia. Têxtil Pontes S/A, precisamos atribuir os custos de cada atividade aos produtos fabricados. Este é o segundo estágio, e devemos utilizar os direcionadores de atividades que demonstram como os produtos consomem as atividades ou como cada atividade contribui para a fabricação de cada produto.

Para direcionar os custos de cada atividade aos produtos fabricados, foi realizado um estudo de como cada linha de produção consome ou demanda de cada atividade para a escolha dos melhores direcionadores. O quadro 65 apresenta os direcionadores de atividades escolhidos, o total de cada direcionador e os respectivos percentuais atribuídos a cada um dos três produtos.

Quadro 65

Cálculo dos direcionadores de atividades ou segundo estágio

Direcionadores de atividades			Tecido de algodão		Tecido de poliéster		Tecido de poliamida	
Atividades	**Direcionadores de atividades**	**Total do direcionador**	**Volume**	**%**	**Volume**	**%**	**Volume**	**%**
Compra	Nº de pedidos	25	5	20	11	44	9	36
Controle de estoques	Nº de lotes	140	63	45	35	25	42	30
Controle/supervisão da produção	Tempo de supervisão em horas	480	192	40	144	30	144	30
Atividade fabril	Tempo operação + *setup* de máquina em horas	480	240	50	96	20	144	30
Acabamento	Quilo acabado (kg)	19.000	9.500	50	3.800	20	5.700	30
Despacho	Nº de despachos	360	90	25	108	30	162	45

Observe que para a atividade "compra" vamos utilizar como direcionador o número de pedidos de compra que cada linha de produto solicitou. Para "controle de estoques", escolhemos número de lotes movimentados dentro do estoque. No "controle e supervisão da produção" foi utilizado o apontamento de horas do supervisor. Ou seja, para cada atividade teremos de escolher aquele direcionador que representa uma relação de causa e efeito entre a atividade e o produto.

Agora que temos os custos indiretos acumulados por atividade e com os direcionadores de atividades apurados no quadro 65, podemos direcionar os custos das atividades aos três produtos. O quadro 66 apresenta o segundo cálculo dos custos indiretos por produto, que representa o estágio do custeio baseado em atividades.

Quadro 66

Cálculo dos custos indiretos por produto

Atividades	Produtos			Total
	Tecido de algodão	Tecido de poliéster	Tecido de poliamida	
Compra	1.890,00	4.158,0	3.402,00	9.450,00
Controle de estoques	8.842,50	4.912,50	5.895,00	19.650,00
Controle/supervisão produção	5.720,00	4.290,00	4.290,00	14.300,00
Atividade fabril	60.600,00	24.240,00	36.360,00	121.200,00
Acabamento	11.575,00	4.630,00	6.945,00	23.150,00
Despacho	3.062,50	3.675,00	5.512,50	12.250,00
Total por produto	**91.690,00**	**45.905,50**	**62.404,50**	**200.000,00**
% de custo indireto por produto	45,85%	22,95%	31,20%	100,00%

No quadro 66 temos quanto dos custos indiretos de R$ 200 mil foi direcionado a cada produto. Assim, dos custos indiretos temos 45,85% consumidos pelo tecido de algodão, 22,95% pelo tecido de poliéster e 31,20% pelo tecido de poliamida.

Com os dados apresentados no início de caso da Cia. Têxtil Pontes S/A, podemos agora apurar, no quadro 67, o lucro bruto de cada produto e de toda a produção do mês de janeiro.

Quadro 67
Demonstração do lucro bruto dos produtos da Cia Têxtil Pontes S/A pelo ABC

DRE Cia. Têxtil Pontes S/A	Tecido de algodão	Tecido de poliéster	Tecido de poliamida	Total
Receita bruta	340.000,00	210.000,00	136.000,00	686.000,00
(-) Imposto – Simples Nacional 4%	13.600,00	8.400,00	5.440,00	27.440,00
= Receita líquida	326.400,00	201.600,00	130.560,00	658.560,00
(-) Custos dos produtos vendidos				
Custos diretos de produção	115.000,00	79.500,00	68.000,00	262.500,00
Custos indiretos de produção	91.690,00	45.905,50	62.404,50	200.000,00
= Lucro bruto	**119.710,00**	**76.194,50**	**155,50**	**196.060,00**
% da margem bruta em relação à receita líquida	36,7%	37,8%	0,1%	29,77%

Observe que o tecido de poliamida é o que possui o menor percentual de margem bruta, enquanto o tecido de poliéster é o que possui o maior. A margem bruta da empresa com os três produtos está em 29,77% da receita líquida.

A partir da apuração de custos pelo custeio baseado em atividades dos três produtos aponto que o tecido de poliamida precisa ser analisado para melhorar a margem bruta. A receita gerada pelo produto quase não consegue cobrir os custos de produção. Então, é necessário avaliar todos os processos ou atividades que esse produto consome e as possibilidades de redução de atividades e recursos por ele consumidos. Observe que o volume de produção em quilos em relação ao volume de atividades do tecido de poliamida está muito superior aos demais produtos. Essas atividades e processos de produção necessitam de uma reavaliação.

Essa margem bruta terá de ser suficiente para cobrir as despesas do mês. Para encontrar o lucro líquido da Cia. Têxtil Pontes S/A, vamos apurar, no quadro 68, a DRE e descontar as despesas.

Quadro 68
Demonstração do resultado do exercício da Cia Têxtil Pontes S/A

DRE Cia. Têxtil Pontes S/A	Total	%
Receita bruta	686.000,00	
(-) Imposto - Simples Nacional 4%	27.440,00	
= Receita líquida	**658.560,00**	**100,00**
(-) Custos dos produtos vendidos		
Custos diretos de produção	262.500,00	39,86
Custos indiretos de produção	200.000,00	30,37
= Lucro bruto	**R$ 196.060,00**	**29,77**
(-) Despesas administrativas	50.000,00	7,59
(-) Despesas comerciais	80.000,00	12,15
(-) Despesas financeiras	20.000,00	3,04
Lucro líquido do mês de janeiro	**R$ 46.060,00**	**6,99**

Observe que o lucro bruto estava em 29,77% e, depois de lançar as despesas de janeiro, o lucro líquido ficou em 6,99% da receita líquida. Esse indicador representa a margem líquida da Cia. Têxtil Pontes S/A, conforme estudamos no capítulo 1 deste livro.

Este capítulo apresentou a diferença entre a contabilidade financeira e a contabilidade gerencial, esclarecendo que o foco da contabilidade financeira é, principalmente, dar informações ao público externo e o da contabilidade gerencial é apresentar os relatórios para a gestão, ou seja, para o público interno da organização.

Para avaliar a efetividade do lucro, é necessário um processo importante e complexo, que é a apuração dos custos e despesas para confrontar com as receitas geradas em cada período. Demonstramos que a partir do banco de dados da contabilidade é possível fazer uma boa gestão de custos com a utilização dos conceitos e da classificação dos custos e, principalmente, com a adoção dos métodos de custeio apresentados.

Conclusão

Prezado leitor, agora é com você.

Todo o nosso trabalho teve como objetivo apresentar, em um formato didático, os conceitos das finanças, desde os princípios fundamentais de contabilidade, seus principais demonstrativos – como o balanço patrimonial e a demonstração do resultado do exercício, os indicadores de gestão financeira e os de liquidez, estrutura de capital, lucratividade e prazos médios, conteúdo prático de matemática financeira e análise de projetos de investimento com as ferramentas de *payback* descontado, valor presente líquido, taxa interna de retorno, a importância da gestão de custos e seus métodos de custeio, entre vários outros aspectos, bem como compartilhar, no que foi possível, a experiência acumulada pela nossa prática empresarial e acadêmica.

Entendemos a necessidade de ressaltar que o estudo enobrece a alma e alimenta nosso entendimento, libertando-nos para um processo decisório mais maduro e consciente. Mesmo não sendo finanças sua área de atuação, será considerada um grande diferencial em sua formação. Finanças é a área que suporta e atua constantemente em todos os processos de uma corporação, desde a idealização, planejamento, constituição, desenvolvimento e até no encerramento das operações. Entender de finanças torna o profissional mais analítico, além de proporcionar uma visão ampliada do funcionamento do mundo dos negócios.

As grandes empresas buscam por profissionais capazes de relacionar outros conhecimentos além da sua área de atuação. O conhecimento de finanças é uma vantagem estratégica para qualquer profissional.

No período de elaboração deste livro, nosso aprendizado foi enorme, como esperamos que seja o seu, ampliando seus conhecimentos e horizontes para essa disciplina de finanças, tão árida, mas de tanta importância no processo decisório pessoal e empresarial.

Estamos diante de um cenário em constante mutação, volatidade, ambiguidade e complexidade, demandando das empresas velocidade em sua adaptação, e todas essas mudanças dependem da avaliação financeira e seus impactos. Todas as empresas buscam constantemente uma estrutura financeira que dê suporte a seu crescimento e lucratividade. Isso faz com que a gestão financeira assuma uma importância para todas as áreas da empresa e não somente para o setor administrativo-financeiro.

Assim, procuramos demonstrar os principais conceitos e indicadores mais significativos e necessários ao processo de tomada de decisão em todos os departamentos internos da empresa de forma clara e com exemplos práticos.

Esperamos que você possa encontrar respostas para suas dúvidas e assim qualificar suas decisões operacionais na empresa e na vida pessoal, capacitando-se para a busca de soluções para os questionamentos que ainda virão.

Desejamos a você muito sucesso em sua vida profissional com esse novo conhecimento adquirido.

Referências

ASSAF NETO, A. *Finanças corporativas e valor*. 7. ed. São Paulo: Atlas, 2016a.

______. *Matemática financeira e suas aplicações*. 13. ed. São Paulo: Atlas, 2016b.

______. *Valuation*: métricas de valor & avaliação de empresas. 3. ed. São Paulo: Atlas, 2019.

ATKINSON, Anthony A. et al. *Contabilidade gerencial*. Trad. André Olímpio. São Paulo: Atlas, 2000.

BORDEAUX-RÊGO, Ricardo et al. *Viabilidade econômico-financeira de projetos*. 4. ed. Rio de Janeiro: FGV Ed., 2013.

BRASIL. Lei nº 6.404, de 15 de dezembro de 1976. Dispõe sobre as Sociedades por Ações. *Diário Oficial [da] República Federativa do Brasil*, Brasília, DF, 17 dez. 1976 (suplemento). Disponível em: <www.planalto.gov.br/ccivil_03/leis/l6404compilada.htm>. Acesso em: 19 mar. 2020.

______. CVM. *Instrução CVM nº 527*. Dispõe sobre a divulgação voluntária de informações de natureza não contábil denominadas LAJIDA e LAJIR. Disponível em: <www.cvm.gov.br/legislacao/instrucoes/inst527.html>. Acesso em: 13 abr. 2020.

BUFFETT, Warren et al. *Warren Buffett e a análise de balanços*. São Paulo: Sextante, 2020.

CPC. Comitê de Pronunciamentos Contábeis. *CPC 00 (R2) Estrutura conceitual para relatórios financeiros.* Aprovado em 1 nov. 2019. Disponível em: <www.cpc.org.br/CPC/Documentos-Emitidos/Pronunciamentos/Pronunciamento?Id=80>. Acesso em: 20 maio 2020.

GITMAN, L. J. *Princípios de administração financeira.* 12. ed. São Paulo: Pearson Prentice Hall, 2010.

IUDÍCIBUS, Sérgio de. *Contabilidade introdutória*: livro texto. 11. ed. São Paulo: Atlas, 2010.

LIMEIRA, André. L. F. et.al. *Contabilidade para executivos.* 9. ed. Rio de Janeiro: FGV Ed., 2011.

MAHER, Michael. *Contabilidade de custo*: criando valor para administração. São Paulo: Atlas, 2001. 908 p.

MARION, J. Carlos. *Contabilidade empresarial.* 15. ed. São Paulo: Atlas, 2009.

MARTINETTI FILHO, A. *Matemática financeira*: HP 12c, Ms Excel, Broffice Calc. Campinas, SP: Alínea, 2010.

MARTINS, Eliseu. *Contabilidade de custos.* 10. ed. São Paulo: Atlas, 2010.

PETERS, Marcos. *Implementando e gerenciando a Lei Sarbanes Oxley*: governança corporativa agregando valor aos negócios. São Paulo: Atlas, 2007.

PINTO, A. A. G. et al. *Gestão de custos.* 4. ed. Rio de Janeiro: FGV Ed., 2018.

SÁ, Carlos Alexandre. *Contabilidade para não contadores.* 4. ed. Rio de Janeiro: Ed. Senac, 2012.

SAPORITO, Antônio. *Análise e estrutura das demonstrações contábeis.* Curitiba: InterSaberes, 2015.

VIEIRA SOBRINHO, J. D. *Matemática financeira.* 8. ed. São Paulo: Atlas, 2018.

WERNKE, Rodney. *Gestão de custos*: uma abordagem prática. 2. ed. São Paulo: Atlas, 2004.

Glossário

Ação – Representa a parcela de certa fração do capital de uma sociedade anônima (aberta ou fechada), podendo ser preferencial ou ordinária. As ações preferenciais são aquelas em que o detentor tem o direito de receber um percentual fixo de lucros antes da distribuição dos dividendos por abrir mão das prerrogativas diretivas. As ordinárias são as que concedem aos proprietários o direito de participar da indicação de membros da diretoria executiva, mas, por outro lado, somente têm direito à distribuição de dividendos depois do percentual prioritário dos detentores das ações preferenciais.

Amortização – É o abatimento gradual de uma dívida por meio de pagamentos periódicos combinados entre o credor e o devedor.

Análise econômico-financeira – Análise, comparação e interpretação das demonstrações contábeis. É a decomposição dos demonstrativos financeiros em elementos mais facilmente compreensíveis, para que, por meios de índices e valores, se possa avaliar a situação de risco da empresa.

Ano fiscal – Período de 12 meses designado pela empresa como seu período contábil, que, uma vez estabelecido, raramente é modificado. No Brasil, o período mais comum vai de janeiro a dezembro.

Anuidade – Série uniforme e finita de fluxos de caixa.

Balanço – É um demonstrativo financeiro que lista todos os ativos e passivos que uma empresa tem num determinado dia. As duas colunas – ativo e passivo – são balanceadas, isto é, iguais.

Caixa (contábil) – Valores que a empresa tem em seus locais, isto é, dentro de casa. Veja "caixa e bancos".

Caixa e bancos – Valores que a empresa tem tanto em caixa quanto em bancos. São considerados valores disponíveis.

Capacidade instalada – Potencial de produção de determinada empresa ou setor da economia. Quando a empresa está trabalhando com 80% da sua capacidade é o mesmo que dizer que está com 20% de sua capacidade de produção ociosa. Logo, pode crescer sem novos investimentos em máquinas e equipamentos.

Capital de terceiros – Representa recursos originários de terceiros utilizados na aquisição de ativos de propriedade da empresa ou entidade. Corresponde ao passivo exigível, ou seja, dívidas e obrigações.

Capital próprio – São recursos originários dos acionistas ou sócios da empresa e seus lucros retidos dos períodos apurados. Corresponde ao patrimônio líquido.

Contabilidade – É o estudo e o controle do patrimônio das organizações. Registra todos os fatos relacionados com a formação, com a movimentação e com as variações do patrimônio, fornecendo informações para os administradores, proprietários e terceiros sobre como a organização está desenvolvendo suas atividades econômicas para alcançar seus fins.

Contas a receber – Valores que serão recebidos em caixa no futuro, originados por vendas de mercadorias, serviços ou outros ativos.

Contas retificadoras do ativo – São aquelas classificadas no ativo, porém apresentam saldos credores. São demonstradas com o sinal (–). Elas retificam o saldo de uma conta. Exemplo: provisão para crédito de liquidação duvidosa.

Custo dos produtos vendidos – É o somatório dos recursos empregados para a obtenção dos produtos que serão vendidos, seja no comércio, na indústria ou em serviços.

Demonstrações contábeis – Demonstração sintética e numérica dos fatos ocorridos na empresa.

Demonstrativo de resultados – É um demonstrativo que mostra as receitas e despesas das operações por um dado período.

Depreciação – Representa o desgaste de bens físicos registrados no ativo imobilizado e investimento, pelo uso, por causas naturais ou por obsolescência, sendo considerada conta redutora de cada uma das respectivas contas do ativo permanente.

Despesas financeiras – São juros e outros custos que ocorrem com relação ao capital obtido de terceiros.

Disponível – Recursos do ativo que possuem liquidez imediata, como o caixa, bancos e aplicações de liquidez imediata.

Exaustão – É o esgotamento dos recursos naturais não renováveis, como minérios e florestas, em virtude de sua utilização para fins econômicos, registrados no ativo.

Exercício social – É o espaço de tempo (12 meses), findo o qual as pessoas jurídicas apuram seus resultados. Pode coincidir, ou não, com o ano-calendário, de acordo com o que dispuser o estatuto ou o contrato social. Perante a legislação do imposto de renda, é chamado de período-base (mensal ou anual) de apuração da base de cálculo do imposto devido.

Fluxo de caixa – São as previsões e o registro do movimento de entrada e saída de dinheiro de uma empresa, órgão governamental ou mesmo de uma família. Mostra a posição líquida de caixa necessária para certo período. É um importante instrumento para administração de uma organização.

Fluxo de caixa operacional – É a sobra de caixa gerada pela empresa originada de suas operações normais, sem imposto de renda, amortização das dívidas e depreciação. As variações de estoque e contas a receber alteram o fluxo de caixa.

Força de trabalho direta – É aquela que se utiliza para transformar matéria-prima em produto acabado. A força de trabalho direta é aquela que se pode identificar especificamente com a qual se supõe existir uma relação direta.

Investimento fixo – É o capital destinado à aquisição de máquinas e/ou equipamentos e obras civis, indispensáveis à implantação, modernização, funcionamento ou ampliação da empresa.

Orçamento – É um planejamento financeiro para mostrar as receitas de vendas, custos e despesas projetados de um determinado período. É composto de diversas partes, entre elas a demonstração de resultado do período, o fluxo de caixa e o balanço patrimonial projetado.

Princípios contábeis – Regras que passaram a ser seguidas e aceitas, constituindo-se a teoria que fundamenta a ciência contábil. No Brasil, os princípios contábeis são os estabelecidos pela Resolução CFC nº 750/1993.

Regime de caixa – Ocorre quando, na apuração dos resultados do exercício, são considerados apenas os pagamentos e recebimentos efetuados no período.

Regime de competência – Ocorre quando, na apuração dos resultados do exercício, são consideradas as receitas e despesas, independentemente de seus recebimentos ou pagamentos. É obrigatório em todas as entidades com fins lucrativos.

Taxa de juros – É o custo do dinheiro no mercado. Quando a taxa de juros está alta, é sinônimo de falta de dinheiro no mercado. Ao contrário, quando está baixa, é porque está sobrando dinheiro no mercado. A taxa de juros é um dos mais importantes indicadores de política monetária.

Taxa efetiva de juros – Taxa real apurada numa operação financeira, demonstrando a taxa real, levando-se em consideração a fórmula básica dos juros compostos.

Taxa interna de retorno – Sua sigla é TIR. É a taxa de juros compostos que faz com que haja equivalência de recursos ao longo do tempo, ou seja, se for comparar um valor (ou uma série) no passado ou futuro, essa taxa interna tornará os recursos financeiros equivalentes. O termo em inglês é *internal return rate* (IIR).

Unidade geradora de caixa – É o menor grupo de ativos identificáveis que gera entradas de caixa que são, em grande parte, independentes de entradas de caixa de outros ativos ou grupos de ativos.

Valor depreciável – É o custo do ativo, ou outra quantia substituta do custo (nas demonstrações contábeis), menos seu valor residual.

Valor futuro – Um valor (ou uma série de valores) ao logo do tempo futuro, já submetido a uma taxa de juros, para amortizar uma dívida assumida num instante anterior.

Valor justo – É o valor pelo qual um ativo pode ser trocado, um passivo liquidado ou um instrumento patrimonial concedido entre partes em uma transação na qual não haja relação de privilégio entre elas.

Valor presente – Trata-se de um valor (ou série de valores), seja do passado ou futuro, que submetido a uma determinada taxa de juros compostos reflita seu valor numa data presente ou data focal.

Valor presente líquido – Trata-se de considerar um valor (ou uma série de valores) num determinado fluxo de caixa, geralmente considerado numa operação financeira ou num projeto financeiro, sendo que, aplicando-se uma determinada taxa de juros compostos, obtém-se um valor presente de um fluxo de caixa descontado.

Valor residual de ativo – É o valor estimado que a empresa obteria com a alienação do ativo após deduzir as despesas estimadas da alienação, se o ativo já estivesse com a idade e com a condição esperada no fim de sua vida útil.

Autores

Carlos Eduardo Prado Feuser
Ph.D. em *business administration* pela Florida Christian University. Mestre em agronegócio e desenvolvimento regional pela Faculdade de Economia da Universidade Federal de Mato Grosso (UFMT). Pós-graduado especialista em gestão empresarial e em gestão financeira, controladoria e auditoria pela Fundação Getulio Vargas (FGV). Bacharel em direito pela Universidade de Cuiabá (Unic). É professor convidado dos cursos de MBA da Fundação Getulio Vargas (rede FGV Management). É CEO e *founder* da SFX Participações e Negócios. Atuou como CEO e membro de conselhos consultivos de administração de grupos econômicos. Atuou como diretor administrativo e financeiro e de TI de um grupo que é referência nacional no segmento de comércio de combustíveis e derivados de petróleo. Ocupou o cargo de *controller* de grupos econômicos e sociedades anônimas. É palestrante nas áreas de gestão empresarial, gestão do capital de giro e finanças corporativas e comportamentais. Idealizador e sócio da solução em gestão financeira nambi.com. Desenvolve trabalhos de análises de negócios e de gerenciamento de processos para a implantação de soluções em *business intelligence* (BI).

Ronaldo Miranda Pontes
Doutor em administração pela Univesidad Nacional de Misiones, da Argentina. Mestre em engenharia de produção pela Universidade Federal de Santa Catarina (UFSC). Graduado em ciências contábeis pela Fundação Educacional Machado Sobrinho. CCO e *founder* da EduWork co. Avaliador do Ministério da Educação (MEC/Inep) de projetos institucionais, cursos de graduação e EAD. Foi coordenador de planejamento e gestão do Instituto Metodista Granbery, membro do Comitê Gestor do Plano de Desenvolvimento Estratégico da Universidade Metodista de Piracicaba (Unimep), membro do Conselho Diretor do Hospital Samaritano de Campinas. Autor dos livros: *Gerenciamento de custos em projetos* e *Orçamento e controle*. Possui larga experiência profissional na gerência e administração de projetos dos setores têxtil e educacional. Possui trabalhos acadêmicos publicados em congressos nacional e internacional. Já atuou como docente na Universidade Federal de Juiz de Fora (UFJF). É professor convidado do FGV Management.